德鲁克职场精进手册

李世强 著

北京时代华文书局

图书在版编目（CIP）数据

德鲁克职场精进手册 / 李世强著 . — 北京：北京时代华文书局，2022.10
ISBN 978-7-5699-4685-7

Ⅰ . ①德… Ⅱ . ①李… Ⅲ . ①德鲁克 (Drucker, Peter Ferdinand 1909-2005) — 企业管理 — 手册 Ⅳ . ① F272-62

中国版本图书馆 CIP 数据核字 (2022) 第 143802 号

拼音书名｜Deluke Zhichang Jingjin Shouce

出 版 人｜陈 涛
选题策划｜苟 敏
责任编辑｜周海燕
执行编辑｜徐小凤
责任校对｜薛 治
封面设计｜YooRich Studio
内文设计｜孙 波
责任印刷｜訾 敬

出版发行｜北京时代华文书局 http://www.bjsdsj.com.cn
　　　　　北京市东城区安定门外大街 138 号皇城国际大厦 A 座 8 层
　　　　　邮编：100011　电话：010-64263661　64261528

印　　刷｜北京毅峰迅捷印刷有限公司　010-89581657
　　　　　（如发现印装质量问题，请与印刷厂联系调换）

开　　本｜880 mm×1230 mm　1/32　　印　张｜8　字　数｜192 千字
版　　次｜2023 年 6 月第 1 版　　　　　印　次｜2023 年 6 月第 1 次印刷
成品尺寸｜145 mm×210 mm
定　　价｜49.80 元

版权所有，侵权必究

前言

彼得·德鲁克一直被誉为"现代管理学之父",是现代管理学史上一位德高望重的大师。他提倡的管理方法对现代管理学有着巨大的贡献,其前瞻性的思想被世界上大多数管理者称为"有史以来对管理学贡献最多的大师"。

1954年,德鲁克首次提出了一个具有划时代意义的概念:目标管理。就是这个概念,让管理学成为一门显学,让更多人有兴趣去系统地学习相关管理学的理论。

在之后的60多年里,德鲁克撰写了30余部管理学著作,以及数百篇相关论文和演讲稿,并在全世界都受到了广泛的关注和好评。

2002年,美国总统乔治·沃克·布什为德鲁克颁发了"总统自由"勋章,德鲁克被誉为"现代管理学之父""管理大师中的大师"。此外,通用电气前总裁杰克·韦尔奇、微软创始人比尔·盖茨都是他忠实的粉丝。

德鲁克提倡的管理学如今在世界各地有着很大的影响力,许多企业、学校、政府、医院都在运用德鲁克的管理方法。

我在创作本书的过程中，引用了此前所创作的其他几本著作中的真实案例（均标记有出处），来印证自己的观点。除此之外，我还撰写了相当多的原创真实案例，来诠释德鲁克精彩的管理学方法。

　　在德鲁克把自己这套管理理论带到世界各地的同时，他仍在不断学习，以便让自己的管理方法能与实践结合得更加完美。

　　他曾这样说："管理是一种实践，其本质不在于'知'，而在于'行'；其验证不在于逻辑，而在于成果；其唯一的权威就是成就。"

　　由此，我们可以初步领会德鲁克对于管理学的认识和思考。

　　现代社会发展日新月异，随着人工智能的大范围运用，我们谁都无法准确看清未来的壮阔图景。因此，很多管理者有着这样或那样的疑问，比如人工智能是否会加速取代管理者，德鲁克的这套管理学思维方法是否会过时？

　　对此，我可以用德鲁克的一段话来回答："新技术不会造成管理者过剩，或是被纯技术人员所取代。相反，未来会需要更多的管理者。管理的领域将大幅扩张，许多现在被视为基层员工的人，未来将必须有能力负担起管理工作。绝大多数的技术人员都必须了解管理工作的内容，并且从管理者的角度来看事情。"

　　德鲁克的思想由他多年来的管理经验不断凝结所得出，我相信，在一段时间内，我们仍需要他的相关思想做指引。

　　我将在本书中结合德鲁克众多经典作品中对管理学理论的阐释，列举多个贴合实际的案例，为读者深入地剖析德鲁克的管理学精髓。

　　我希望本书的读者能从中学习到管理学的真谛，也希望读者能一步步迈向更高的管理岗位，成为企业中不可或缺的人才。

目 录

Part 1 — 目标管理：
若是没有方向，一艘船该如何正确前行

002　企业拥有多大的目标，就有多大的发展

008　目标可以远大，但不能大到看不清自己

011　一个主要目标，可以拆分成多个具体目标

015　给目标一个"检修期"，不能一条道走到黑

018　执行目标，绝不可有犹豫不决之心

022　设定目标，更要设定完成目标的期限

Part 2 — 决策管理：
从上游到下游，畅通无阻，方可一往无前

028　科学的决策，必须以捕捉信息为基础

033　领导要有魄力，做决策时不能犹豫不决

039　群策群力，决策者应多听听别人的意见

043　骄傲自满，是管理者的大忌

046　拥有一双慧眼，决策才不会失误

I

Part 3 / **战略管理:**
领导没有规划,企业就没有未来

052　战略没有分析,风险将随之而来

055　做事之前没有制订战略计划,事到临头手忙脚乱

057　对于目标管理,领导者不能缺少有效策略

061　市场在不停变化,管理者的思维要与时俱进

065　若是没有行动,再好的计划也白搭

Part 4 / **创新管理:**
企业没有创新,就没有更好的发展

070　唯有创新,企业才能充满活力

075　寻找创新源泉,理性承担创新带来的风险

079　创新在于不断探索,没有尝试哪来成功

084　创新要切实可行,最忌盲目创新

087　避免沉溺于成功,要在成功的基础上不断创新

091　创新需要智慧,知识最能启迪大脑

Part 5　团队管理：优秀的企业，需要万众一心

- 096　成功靠的不是一个人，而是一个团队
- 099　把公司当成自己的家，像管理者一样做事
- 102　统一思想，上下一心，企业才能更强大
- 105　有效沟通，让团队协作高效实现
- 107　团队合作无间，企业就有空前的凝聚力
- 110　激发员工使命感，创建攻无不克的团队
- 113　员工有发展空间，才会为企业全力以赴

Part 6　人才管理：二十一世纪缺的不是人才，是发现人才的眼睛

- 116　人才，是企业最重要的资产
- 118　用人之长，让每一位员工发挥出优势
- 121　留得住人才，企业方可持续发展
- 125　不拘一格降人才，让每个员工都成为"将军"
- 129　信任你看中的人才，授权让他放手干
- 132　用人之所长，就要容人之所短
- 137　害怕员工的成就高过你，只会使你越来越"低级"

Part 7 / 绩效管理：
以结果为依据，尊重员工带来的成果

- 142 以结果为导向，利润才是企业生存的基石
- 147 绩效需要体系，体系需要建立在融洽和谐的工作氛围中
- 152 做好基础管理，别让绩效管理形同虚设
- 157 企业的良好运转，在于有赏罚分明的机制
- 159 绩效管理无沟通，下属如何知道你的心思

Part 8 / 责任管理：
有担当，才会成为优秀的领导

- 164 学会担责，是成为领导的第一要素
- 167 企业要想有规矩，管理就要一碗水端平
- 170 温暖了人心，员工才会忠贞不贰
- 175 懂得放权，领导有时需要"不务正业"
- 179 耐心沟通，打开员工的内心世界
- 182 事必躬亲，你能够打几个"钉"？
- 186 有魅力的领导，不在技能在品格

Part 9　时间管理：
给时间下个定义，做事才会高效

- 192　先把时间管理好，再安排其他事务
- 197　时间也分先后，把重要的事情放前面
- 202　时间如此宝贵，不能虚度任何一秒
- 205　立刻执行，是最高效的时间管理
- 208　有效地实施自我时间管理
- 213　改正身上的坏习惯，提高工作效率与执行力

Part 10　自我管理：
你有怎样的修养，就有怎样的高度

- 218　不断学习，是做好管理的基础
- 223　理论与实践，永远是一对孪生兄弟
- 229　谦虚使人进步，每个人都有值得学习的地方
- 233　发现自己的价值，用你的优势去工作
- 237　作为管理者，你到底要成为谁

Part 1

目标管理：

若是没有方向，一艘船该如何正确前行

企业拥有多大的目标，就有多大的发展

德鲁克在伦敦商学院教授管理之道时，曾讲述了这样一则哲理故事：

在墨西哥普里马韦拉的森林里住着一群伐木工人，他们会定期清除灌木。有一次，他们好不容易清除完灌木，想好好休息一下时，却发现弄错位置了——原来，他们真正需要清除的是对面那片树林里的灌木。

在现实生活中，很多人在工作中，就像那些清除灌木的工人一样，只知道一个劲儿地埋头苦干，却不知道自己所做的并不是计划中应该做的那些事情。

在德鲁克看来，这种结果是非常让人沮丧的，而这也是很多管理工作没有效率的原因。

对此，德鲁克认为，管理者在实施管理工作之前必须确定好目标，同时要列出详细计划，这样就能最大限度地避免做无用的事情。

井植岁男是日本跨国集团三洋电机公司的创始人。他在公司成立

之初就怀着远大理想，并且一直为此努力着。

曾有记者问他："为什么公司的名字叫'三洋'？其中包含着什么意义吗？"

他解释说："我一向认为名字越大气越好。名字往往代表着公司的规模。我为公司起名字时就想把产品卖到大西洋、太平洋和印度洋沿岸的每一个国家，所以就起名为'三洋'。"

记者听了，由此对他刮目相看。

井植岁男在公司成立时曾说："今天是我们三洋电机公司成立的第一天，虽然现在我们的管理者只有20名，但我们的发展前景却像大西洋般宽广。我相信，在不久的将来，我们生产的电机能卖出200万台。当然，我的目标远不止这些，全球的总人口有几十亿，我们要有信心让至少一半的人都使用我们公司生产的电机。"

事实上，三洋电机也正如他所说的那样茁壮成长。经过几十年的努力，公司的发展甚至已经远远超出了他当初定下的目标。

井植岁男是德鲁克的忠实信徒，他为自己的管理确立了一个目标，然后朝着这个目标不断前进。

当然，实现发展目标的前提是——管理者设定的目标必须能通过努力得以实现的，而不是不着边际、虚无缥缈的。

当然，在现实中，每个管理者制定的目标有大有小。同样是成功，有的管理者成就大，有的管理者成就小。

如今的互联网时代，机遇与挑战并重。网络科技的发展颠覆了许多传统的思维方式和经营模式，新产品开发的时间和产品的生命周期也大大缩短。这个多姿多彩的虚拟世界创造了许多新的商业机会。在这个时代，市场情况瞬息万变，企业的发展也面临着前所未有的竞争与挑战。

在10年前，传统的IT企业，如金山或金蝶，其软件开发工作的时长通常是以年为单位的。常常由产品经理在年初写好一份目标企划案，经过各方评估，然后启动。往往在几个月后，会由设计、开发等部门进行软件评测，此后缓慢迭代。

而现在，互联网企业的生产则完全是不同的一番景象：一款产品在一个月甚至更短的时间内就会推出。他们会花费1~2周的时间做界面设计，并且要求设计进度与开发进度大幅度重合。产品经理（如果有的话）需要随时根据用户的反馈意见、竞争对手的情况做需求汇总，而为此花费的测试时间将会更短。

相比之下，后一种做法更能适应用户变化的需求，有更大的机会不断地瞄准目标，也有更多的机会去尝试创新。

马化腾用"互联网竞争是生死时速，从不论资排辈"来告诫企业经营者：在互联网时代，任何企业都有做大做强的机会，都可以在竞争中取得胜利。

马化腾还认为，在这个不论资排辈的时代，企业要想在竞争中取得胜利，就要有敢于挑战的勇气，正如他所说："人往往习惯于进入自己熟悉、擅长的领域，而对陌生领域持一种恐惧的态度。其实每个人都具有无限的潜力，勇于挑战自己的不足，敢于主动创造变化，就能将自己的潜力转化为实力。"

在竞争面前，马化腾领导的腾讯或许从来不惧怕挑战，这一点在其与联众的竞争中充分体现了出来。

2003年，联众是世界上最大的休闲游戏平台，拥有2亿注册用户，月活跃用户1500万，最多同时在线人数60万。同时，联众在中国、美国、日本、韩国都架设有服务器，这样一家强大的游戏公司在当时被认为是难以被打败的。

但是，马化腾没有被联众的强大吓倒，而是决定与联众展开竞争。自此以后，QQ游戏接连推出了拥有打牌升级、四国军棋、象棋三个游戏的版本。

这几款游戏显然并没有引起联众创始人鲍岳桥的重视。他决定不再更新原有系统，而是将研发重心投入新的项目——"联众新世界"。

2004年，联众被韩国最大的网络游戏集团NHN收购，成为其旗下子公司。此时联众的势力更加雄厚，因为它可以大量移植韩国网游资源，还将得到韩国资金与人才的支持，这些都是腾讯所没有的。

此时的腾讯仍然没有改变策略，并且市场份额不断增长，逐渐超越了联众。因为联众把精力转向大型游戏市场，而对休闲棋牌类游戏不再进行系统更新，以致一些bug（程序错误）长期存在，给用户带来了不好的使用体验，最终导致大量老用户流失。

与之相反的是，腾讯选择在产品上快速更新，其操作细节也比联众更加人性化，比如，QQ可以自定义查找趣味相投的网友，且这项服务是免费的。

腾讯游戏依靠不断创新，逐步赢得了用户，最终实现了后来者居上。

由此我们不难发现，互联网竞争果真如马化腾所言——不会论资排辈，只有那些勇于挑战的人才有可能取得胜利。

如果想成为伟大的管理者，那么就要努力提升管理技能；而如果仅仅想做一名普通员工，那么就很难有所建树。

德鲁克一直强调，管理者成就的大小，和他确立的目标的大小有很大关系——有什么样的目标，就会有什么样的成就。如果确立的目标远大，那么他的事业就有可能实现较大的上升，反之则不然。

美国著名地产商人特德·勒纳成名前在一家洗车厂上班。他每天从事洗车、喷漆等工作，但这显然无法让他满意。

有一天，一位顾客开着雪铁龙C5轿车来到洗车厂，让特德·勒纳为爱车好好清洗一番。

因为是第一次近距离接触豪车，特德·勒纳不禁叫道："这车真酷！"他甚至忍不住拉开车门上去试驾了一番。

他的领导见状走过来说："你在做什么？难道你不知道自己的身份？像你这样的人，这辈子也别想坐上豪华轿车！你和我这样的人是不会取得成功的。"

特德·勒纳非常生气，但碍于自己的职位比领导低，他并没有说什么。

在内心深处，他下定决心将来一定要做出一番成绩！确定了这个目标之后，他开始不断努力。

5年之后，他终于取得了事业上的成功——成了一名优秀的地产商人。

于是，他买了一辆比雪铁龙C5还要豪华的劳斯莱斯Ghost（古斯特）！而多年前训斥他的那位领导，现在仍然是洗车厂的一名员工。

如果当年特德·勒纳也像那个领导一样没有奋斗目标，他也许就不会有之后的一番成就了。

在德鲁克看来，很多平庸之人没有人生目标，对工作和生活消极应付，宁愿听命于人，也不去努力奋斗。殊不知，人生只因有了远大目标才有前进的动力，才会取得一定的成就。

美国石油大王保罗·盖蒂曾提出过一个设想，很值得探讨。

盖蒂的想法是这样的：如果将全世界所有的金钱和资产集中起来，然后平均分配给全世界所有的人，让地球上的每一个人拥有相同数量的金钱和资产，那么半个小时之后，全世界的财富地图便会发生变化。

有的人可能会因为赌博而输光自己的全部财富，有的人会因炒股或被套牢自己的财富，还有的人会因受骗而分文不剩。

这种情况将随着时间的推移变得越来越明显，时间越长，资产差距越大。盖蒂非常自信地说："我用我的人格担保，一两年之后，全球的财富分配情况将会恢复到均分之前，他们不会有多少转变。"

后来，盖蒂得出一个结论：一个人的成功与失败，关键是由他所制定的目标大小和行动力决定的。

每个人的目标不同，格局就不同。行动力不同，实现目标的程度就不同。可以说，一个人没有远大的目标就没有前进的动力，没有行动力就不会到达胜利的彼岸。

其实，对于现实中的管理者来说，他们同样需要卓越的目标。

管理者实施管理前，最好先制定好目标（这个目标一定是要切实可行的）。这样一来，目标就极有可能实现。而如果管理者没有制定好目标，就会像无头苍蝇一样乱撞，消耗大量的精力。

总之，卓越的管理源于卓越的目标，所以管理者在实施管理之前一定要先制定好目标。

目标可以远大，但不能大到看不清自己

在商业竞争白热化的年代，可能稍不留神，一个企业就会葬身于滚滚商海。

因为每个企业的战略思想和发展水平不尽相同，所以不同的环境会造就不同的企业战略、文化以及发展重点。

这个世界上可能没有永远打不败或者永远站不起来的企业，重要的是如何根据自己的特点，发挥优势。

阿里巴巴就是一则典型的案例。

最初成立时，阿里巴巴并没有多少资金积累，但经过十多年的发展，阿里巴巴终于上市了，背后隐藏的故事很深刻。

古人说，与其羡慕别人，不如看看你口袋里装了什么。阿里巴巴与环球资源不同的经营模式也说明了这一点。环球资源选择开辟一个个新域名，而阿里巴巴则根据自己的特点，集中在一面旗帜下发展自己的品牌产品。

阿里巴巴已成为一个庞大的商业帝国，旗下有了淘宝网，收购了雅虎（中国），在搜索和门户网站领域也有涉足。

2007年，阿里巴巴又成立了阿里软件，进入企业商务软件领

域。阿里巴巴各领域的产业之间密切配合、协同发展,共同造就了如今的广阔版图。

牛根生的蒙牛公司的成立过程也有相似之处。

蒙牛创立初始,当时的内蒙古除了伊利,再无别的著名牛奶品牌。

蒙牛没有将钱砸在企业宣传上,而是巧妙地通过"创内蒙古乳业第二品牌"的宣传和推出"中国乳都"等概念,打响了自己的名号。

此后,蒙牛把重点放在技术创新、寻找好的奶源上。

蒙牛的众多产品上市后,消费者的反响很不错。就这样,蒙牛一下子从众多小品牌中脱颖而出,获得了大量的市场关注。

时至今日,蒙牛的品牌知名度已丝毫不逊于伊利。用牛根生的话来说:"拼不过名气的时候,我只能专心做我的奶。能让全国人民喝上安心奶就是我终生的事业。"

这一席话为他赢得了更多的拥护者,使人们对蒙牛的品牌更加认可。

从公司的长远发展来说,制定正确的、符合企业实际的战略规划是非常重要的。尤其是在如今日益激烈的市场竞争中,一家企业,无论规模大小,其战略都不是一成不变的。请注意,不要根据对手去制定战略,因为对公司来说,最重要的不是战胜对手,而是赢得客户的忠诚。

在德鲁克看来,那些随时根据对手而改变经营战略的企业,往往会在市场竞争中失去发展方向,从而错失机遇,甚至会为企业带来无法预料的后果。

根据德鲁克的管理智慧,在管理中,企业家要学会忠诚于市场,着眼于客户的需要,以此来制定企业的发展战略。切记,不要因为对手的竞争而乱了阵脚。

一个主要目标，可以拆分成多个具体目标

德鲁克常常这样告诫管理者，若是管理者有了目标，并能够用行动不断修正目标，那么企业就会变得有方向。

同时，德鲁克认为：当管理者能够清晰地看到行为和目标相近时，企业的所有人就会产生源源不断的动力，并且开始自觉地克服困难，努力达到目标。

俞敏洪就是一个善于将大目标分解为许多小目标的高手。

他认为，如果将创业目标比作大房子，那么达到终极目标的路程就是一个建造大房子的艰难过程。

漂亮美观的大房子，往往是由一块块砖头垒起来的，这一块块砖头就是一个个被细化了的小目标。没有它们，作为终极目标的大房子就不可能建造起来。

相传，俞敏洪的父亲是村子里一个小有名气的木匠。无论村里谁家盖房子，都会请俞父去帮忙。

俞敏洪有时会陪着父亲去，渐渐地，其发现父亲有一个很奇怪的习惯：每次帮别人盖完房子，父亲都会把别人不要的碎瓦片捡回家，有时一两块，有时好多块。

慢慢地，俞家的院子里就堆放了很多尺寸不一的碎瓦片。

当然，这些东西在俞敏洪看来都是没有用的废物，而且让院子显得拥挤不堪。

然而，就在这些俞敏洪看来没有用的瓦片渐渐堆积成山后，他的父亲又开始了另一项工作。

俞父开始在院子的一角测量起瓦片的尺寸来。测量结束以后，俞父就开始挖地基，接着把那些碎瓦片拼凑起来砌成墙。

就这样，那些在俞敏洪眼里没有用的"废物"，变成了一间有模有样的小房子。

房子建好以后，俞父将整天在院子里乱跑的猪、羊都赶进了这个小房子，又把院子重新收拾了一番。

俞敏洪家的院子重新变得干净起来，而猪、羊也有了属于自己的、更加舒适的"小窝"。

俞敏洪对这件事情印象十分深刻，他曾说过：

"从一块砖头到一堆砖头，最后变成一间小房子，我父亲向我阐释了做成一件事情的全部奥秘。一块砖没有什么用，一堆砖也没有什么用，如果你心中没有一个造房子的目标，那么拥有天下所有的砖头也是一堆废物。如果只有造房子的想法，而没有砖头，目标也没法实现。当时我家穷得几乎连吃饭都成问题，自然没有钱去买砖，但我父亲没有放弃，日复一日捡砖头碎瓦，终于有一天有了足够的砖头来造心中的房子。"

后来，俞敏洪在一次讲座中针对这件事又说过这样一段话："一是做这件事情的目标是什么？因为盲目做事情就像捡了一堆砖头而不知道干什么一样，只会浪费自己的生命。二是需要多少努力才能够把这件事情做成？也就是需要捡多少砖头才能把房子造好，此后就要有足够的耐心,因为砖头不是一天就能捡够的。"①

也许,做任何事都要先明确自己的目标。正如俞敏洪所说:"把所有的小目标加起来就是一个大目标,就像搬砖头一样。你搬一辈子的小砖头,你就永远办不了大事。但是你有一个目标,要造房子,你就能成功。"

对日本运动员山田本一来说,正是制订了适合自己的计划,他才获得了1984年东京国际马拉松邀请赛的冠军。

山田在他的自传中这样总结自己的比赛经验:"在每一次比赛之前,我都会将比赛沿途一些比较醒目的标志记录下来。例如,第一个标志是博物馆,第二个标志是银行,第三个标志是一座别具一格的房子……就这样,在比赛还没有正式开始的时候,我就将这些标志作为征服的目标,每经过一个目标,就会觉得自己又获得了一次巨大的能量。在这样不断的征服中轻而易举地跑完了整个路程。"

一滴滴水珠汇合起来就能形成一条大河,任何伟大的目标都不是一蹴而就的,哪个辉煌的成就不是由一个个不起眼的小目标汇集而成的呢?

关于目标的设计,德鲁克认为,做事需要考量实际情况,不能全凭管理者的主观判断来决策。

他认为,在一家公司中,应该让每一个下属都积极地参与决策,这样才能更主动地发挥出下属的积极性和创造性。只有这样,

---

① 摘自李世强编著《俞敏洪人生哲学课》。

企业才能在设立总目标的同时，满足下属自我发挥的需求。

对于任何一个组织或企业，总目标的确立是目标管理的起点，但总目标还需要分解成若干个具体目标，再由各单位或各部门根据具体目标制订严密周详的计划。只有这样，总目标才能和分目标交相呼应，形成目标锁链。

目标管理的核心就是将各个分目标整合起来，以目标来统一管理各团队及个人的活动、验收绩效，从而实现总目标。

从德鲁克的观点中我们可以看出，设立目标的关键就是要做好详细周密的计划。因为只有完善的计划，才能让目标得到更好的实施。

一个完善的计划要包括目标的建立，目标的实施方针、政策、方法以及整体程序的选择，同时还应该有各个目标的完成期限，这样才能使各项工作循序渐进地开展。

当然，完善的计划固然重要，但缺乏有效的考核也是无济于事。唯有搭配合理的考核机制，才能评估和验收目标的执行情况。到了这一步，每个人再给予及时有效的反馈，做出合理的调整。唯有这样，总目标才能一步步得以实现。

给目标一个"检修期",不能一条道走到黑

我们都知道,计划对于一个人的工作起着至关重要的作用。有了计划和目标,我们的行动才有指引。就连那些指挥作战的军事家,在战斗打响前,也都会制定几套作战方案;企业家在产品投放市场前,也要制订一系列的市场营销计划。

德鲁克指出,学会制订计划,其意义是很大的——它是实现目标的必由之路。然而,计划是否完备,是否万无一失,是否在执行的过程中与原定目标保持一致,还需要我们经常检查。

可能你曾有过这样的经历:上级领导交代给你一项任务,你也为此做了精心的准备,制定好了实施方案。在整个执行的过程中,你一鼓作气,认为完美无瑕。而当你把工作成果交给领导时,却被批评这份成果已与原本的任务背道而驰。

这就是为什么我们常常被领导以及长辈教导做事一定要带着脑子,一定要多思考,以防出现偏差。

娜娜是一名高三的学生。还有3个月,她就要上"战场"了。

这天周末,在聚会的饭桌上,娜娜的姑姑就开始关心她的高考了。

姑姑问娜娜："你想上什么大学啊？"

"内蒙古大学。"娜娜脱口而出。

"我记得你上高一的时候跟我说的是北京大学。那时候，你信誓旦旦地说自己一定要考上，现在怎么降低标准了？娜娜，你这样可不行。"

"哎呀，姑姑，咱得实际点，是不是？高一的时候，树立一个远大的目标是为了激励自己不断努力。但到了高三，我自己的实力如何我很清楚，我发现，北京大学已经不现实了，如果还是抱着当初的目标，那么，我的自信心只会不断递减，哪里来的动力学习呢？您说是不是？"娜娜说。

"你说得倒也对，制定任何目标都应该实事求是，而不应该好高骛远啊。看来，我也不能给我们家娜娜太大压力，让你自己决定上哪个学校吧。"姑姑笑着说。

在这段对话中，娜娜的话其实很有道理。的确，任何计划和目标都应该根据自身的情况来决定，不切实际的目标只会打击我们的自信心。

诚然，我们应该肯定目标的重要意义，但这并不代表我们应该固守目标，一成不变。很多专家为那些求学的人提出建议，要不断调整自己的目标。也许你一直向往清华、北大，一直想考第一，但根据分析，如果经过努力仍无法提高成绩，你就应该调整自己的目标。否则，不能实现的目标会使你失去信心，影响学习的效率。

在总体目标下，我们可以适当调整自己的计划，这正如石油大王洛克菲勒所说："全面检查一次，再决定哪一项计划最好。"

初入职场的年轻人都应该记住洛克菲勒的话，平时多做一手准备，多检查计划是否合理，就能减少一点失误，多一份把握。

德鲁克认为，在做事的过程中，当我们有了目标，并能把自己的工作进程与目标不断地加以对照，进而清楚地知道自己与目标之间的距离时，我们做事的效率就会提高。

一位名人说得好："生命的要务不是超越他人，而是超越自己。"所以，我们一定要根据自己的实际情况制定目标，跟别人比是痛苦的根源，跟自己的过去比才是动力和快乐的源泉。这句话不但可以用在工作上，在生活中都用得着，而且将对你的一生产生积极的影响。

另外，任何计划总有不适宜的部分。对此，我们需要及时调整。也就是说，当计划执行到一个阶段以后，你需要检查一下做事的效果，并对原计划中不适宜的地方进行调整，一个新的更适合自己的计划将会使今后的工作更加有效。

你可以把自己的目标再细化一些，把大目标分解成多个小目标，把长期目标切割成若干个短期目标，最后根据细化后的目标制订计划。

因为不同的工作有不同的特点，所以你还应根据手头任务制订细化的目标。细化目标也能帮助我们及时调整自己的工作进程。

执行目标，绝不可有犹豫不决之心

身处现代社会，我们每时每刻都要面对很多选择。如何做出正确的选择，这关系到我们利益的最大化。

许多人面对多种利益选择，总是希望自己能够将全部的利益都收入囊中。但这种贪大求全的心态往往会使自己陷入顾此失彼的境地。

德鲁克指出：犹豫不决、当断不断的心态，已经成为大多数人必须战胜的危险敌人。

站在人生的十字路口，我们总要选择一个方向。

周密的计划固然能降低出错的概率，但往往也会让我们付出错失良机的巨大代价。与其眼睁睁地看着机遇旁落，不如果断做出决定，因为这关乎人生方向的抉择。选择从来都不是一道或对或错的试题，任何一个决定都不可能尽善尽美。

未来永远都充满未知和不确定，我们所能做的就是，当机会出现的第一时间紧紧抓住它。

现代成功学大师拿破仑·希尔在25岁那年，曾作为一名记者采访"钢铁大王"卡耐基。

起初，采访进行得很顺利，可令人意外的是，卡耐基突然提出了一个问题："你是否愿意接受一份没有报酬的工作，用20年时间来研究世界上的成功人士？当然，在这20年间，你可以利用空闲时间来赚取饱腹的费用。"

没有报酬的工作任谁也不愿接受，而有机会接触到全世界最成功的人士，却是希尔一直以来的梦想。两相对比，他一时有些为难。

可他突然意识到，这一定是一项具有挑战性的工作，一个人的一生不应该在平淡中度过。他没有多做考虑，坚定果敢地回答："我愿意！"

对于如此迅速的回答，卡耐基有些意外："你真的考虑好了吗？"

"是的，我愿意！"希尔更加坚定地说。

卡耐基露出满意的笑容，指着手表，说："年轻人，如果你回答的时间超过60秒，你将无法得到这次机会。我已经考察过近百位年轻人，没有一个人能够如此迅速地给出答案。这说明他们过于优柔寡断。所以，我认可你。"

从那以后，通过卡耐基的引荐，希尔有幸采访到了像爱迪生这样的世界知名人士。

在短短几年内，他结识了社会各界的卓越名流500余人。他把这些人的成功经验写成一本著作，叫作《成功规律》。此书一经问世就遭到了疯抢。

通过20年的努力，希尔不仅成为美国享有盛誉的学者、演讲家、教育家和拥有万贯家财的畅销书作家，还成为美国两任总统——威尔逊和罗斯福的顾问。

在回忆自己的经历时，希尔说："果断是成功的救命草。没有那天坚定的应答,就没有我今天的成就。"

在通往成功的道路上,每个人或能得到不同的机会,而差别就在于我们是否能够把握住这些机会。

一个人如果总是前怕狼后怕虎、徘徊不定,只会让自己陷入两难的尴尬境地。

有些事如果迟迟无法决定,时间拖得越久,人们就会在各种矛盾纠结中越发感到痛苦,直到丧失大好时机。

古往今来,凡成大事者都有一个共同的特点:处事果决,当机立断。

足球教练在比赛中果断换人,经常能扭转颓势;军事家在战役中果断指挥,就能把握战机;企业家在商场中果断决策,就能无往不利。

美国默卡尔集团董事长菲利博·默卡尔曾经讲过这样一个故事:

1975年3月,墨西哥发生了猪瘟并波及牛羊等家畜。

听到这则消息后,当时还是一家小型肉食加工公司老板的默卡尔突然意识到,这是一个千载难逢的商机。

因为墨西哥爆发了猪瘟,靠近墨西哥的美国加利福尼亚州和得克萨斯州也一定不能幸免。

这两个州是美国肉食品的主要供应地。到时候,当地的肉食供应肯定会紧张,肉价将一路飙升。

在其他人犹豫不决时,默卡尔果断做出决定:集中公司全部资金,动用公司全部人力,在猪瘟蔓延到加利福尼亚州和得克萨斯州前，去当地大量购买猪肉和牛羊肉。仅仅花了不到一个月时间，默卡尔的公司就准备了足够多的肉类食品。

果不其然，墨西哥的猪瘟蔓延到了美国。为了防止事态恶化，当地州政府下令：禁止加利福尼亚州和得克萨斯州的肉类食品外运。这一举措果然直接导致了美国国内肉类食品短缺，价格暴涨。

仅用了8个月时间，默卡尔就依靠一个果断决策净赚了1500万美元，为他以后的事业奠定了雄厚基础。

德鲁克告诉我们，人生每天都是一个崭新的开始，我们能左右的就是出发或等待。生活中的机遇比比皆是，但又像天空中的闪电，稍纵即逝。因此，我们要抓住机会，果断决策。

英国小说家艾略特说："世上没有一项伟大的业绩是由事事都求稳操胜券的犹豫不决者创造的。"

果断的人为了获取成功，往往敢于挑战风险，即使做出错误的选择，也能迅速纠正。所以，不要因为害怕失败而瞻前顾后，大的成就往往始于果断的行动。

设定目标，更要设定完成目标的期限

有没有意志力完成一件事，很多时候取决于对自己的要求是否严格。为自己设定一个期限，从某种程度上就会强化完成事情的意志力。缺乏意志，做事就会出现拖延现象。

"拖延"二字，本身就包含着难以到达目标的意思。拖延会给我们的生活带来严重的干扰，以致我们几乎无法完成所设定的目标。即使最终完成了，其间也会经历很多痛苦的挣扎。

德鲁克曾说过，经常拖延的人，很难确定奋斗目标，因为他们经常忙着设定目标，但所设定的目标总是模棱两可，或者缺乏时间期限。比如，"今天我得做完一些事"或"我准备在几个月的时间里完成这项工作"。如果这样设定，不仅目标含糊不清，完成的时间也没有限制，反而更容易引发拖延。

19世纪浪漫主义文艺创作时期的伟大诗人柯勒律治，本来可以取得更辉煌的成就，但本该属于他的荣誉却被授予了与他同时代的威廉·华兹华斯。

柯勒律治的悲剧就是因为他那无可救药的拖延症——他甚至会推迟发表自己承诺完成的作品达十几年之久。

从他的诗篇中那些非常著名的，甚至到了今天依旧在英国文学课堂上被广泛学习的段落中间，都可以窥探到他拖延的痕迹。

如《克里斯德蓓》《忽必烈汗》等很多作品，都是以未完成的形式发表的，而让人惊叹的是，这些作品完成时，已离他动笔之时20年之久。虽然《老水手行》的书稿他按时写完了，但也推迟了5年才付印。

拖延也给柯勒律治带来了很坏的影响。作家莫莉·雷菲布勒在《鸦片的束缚》一书中这样描述："他的存在变成了一长串连绵不绝的拖延、借口、谎言、人情债、堕落和失败的不快经历……"

同时，柯勒律治在财务上有很多问题，尽管大多数项目计划周密，但很少启动或完成。

他的健康状况也一塌糊涂，吸食鸦片成瘾又加剧了健康的恶化，而他拖延了整整10年才去接受治疗。

日益逼近的截稿期限所带来的压力，也消解了他从工作本身中获得的乐趣。

他说："一想到我必须加快步伐，写作时最惬意的时光就会戛然而止。"

此外，他还失去了仅有的几个朋友，甚至他的婚姻也因拖延而告吹。[1]

本该是一位能够获得巨大成功的伟大诗人，却因拖延而失去了成功的机会，以及财富、健康、幸福。

由此可见，要想不让自己步柯勒律治的后尘，必须用意志力战

---

[1] 摘自李世强著《别让拖延症毁掉你》。

胜拖延症。

德鲁克警告人们,"拖延"说白了就是搁着今天的事情不做而留待明天去做,在这种拖延中所耗费的时间、精力足以将那件事做好。

整理以前积累下来的事情,可能会使人感到非常不愉快。

很多人都会有这样的心理,本来一下子就能轻松愉快地做好的事,拖延几天、几周之后,就显得惹人讨厌与困难了。

所以,拖延不仅会完不成事情,还会给自己带来负面情绪。既然如此,为什么不当时就完成呢?

那些喜欢拖延的人,尤其要给自己设定一个完成任务的最后期限,并且严格遵守。那么,怎样才能做到在限定期限内完成任务呢?德鲁克给出了以下几点建议。

1. 计划好完成任务的时间

在准备完成一项工作或任务时,请提前给自己设定一个截止日期,规定最晚在什么时间完成。否则,可能要花费比实际需要多几倍的时间才能完成,不仅不利于工作或任务的顺利开展,还会加重拖延现象,不利于意志力的培养与提升。

计划好自己的时间,将工作或任务之外的事情都考虑进去,如休闲、运动或陪家人的时间等,不要将这些因素作为借口进行拖延。

如果没有空闲时间,不妨随身携带一个未完成任务的列表。如果有空闲时间,可以做一些有计划的休闲活动,或进行一些思考。

不要在没完成任务时进行毫无计划的放松,尤其是在已经给接下来的工作确定了截止日期的情况下。

2. 设定专注时间，让工作更高效

当工作中出现拖延迹象时，不妨给自己设定一个专注时间，并开始倒计时。这样，人们在心理上就会产生紧迫感，从而促使自己更加集中注意力地完成任务。

这种方法很有效，也更易于操作，体现了一种化整为零的思想。

设定 20 分钟为一个专注时间段。在这 20 分钟内，必须专注于眼前的工作，不受任何干扰，直到闹铃响起。

休息 5 分钟，可以做深呼吸，或到户外活动一下，让身心适当放松，然后设定下一个 20 分钟的专注时间段。

如果 20 分钟的时间还是让你无法承受，那么你可以先设定较短的时间段，如 10 分钟、5 分钟，甚至 1 分钟的时限。如果在这个时限内能专注工作了，就试着适当增加专注时间段的长度。

当在工作时间段内被干扰或无法继续下去时，可以看一下工作时间段的剩余时间，然后暗示自己再坚持几分钟就结束了，从而锻炼自控能力，不让自己拖延。

3. 尝试"创造性拖延"

所谓"创造性拖延"，就是在完成工作的期限之内，重新调整需要优先处理的短期工作（或步骤）。

比如，将自己喜欢的那部分工作（或步骤）提前完成，而将自己不喜欢的那部分推后，这样也能实现总体的工作目标，并且能避免精力的耗费。

要注意的是，优先处理的短期工作必须与总体工作目标有关，不能是其他的无关工作或事情。

Part 2

决策管理：

从上游到下游，

畅通无阻，方可一往无前

科学的决策，必须以捕捉信息为基础

德鲁克强调，任何没有必要的决策都是在浪费时间和资源。对于管理者来说，只有必要的决策才能做。所以，区分必要和不必要的决策就显得异常重要。

在现在这个信息时代，谁最先掌握信息，谁就赢得了主动，也就赢得了财富。企业管理者要想做出科学的决策，必须以捕捉信息为基础。

身为管理者，你不能只看到眼前，还需要找准目标、明确方向，否则必将因为追逐眼前的利益而导致发展过于快速，最终因为激进而让企业深陷泥潭。

王和平是一家肉类加工厂的负责人。改革开放之前，该工厂平时的肉类购买量都是按照市场的需求量规定的。

但在几年前，王和平在一份报纸上看到了一条简短的报道，说他的家乡可能会暴发瘟疫。

显然，王和平对此并没有在意，他依然按日常所需的量购买肉类。

结果不久后，王和平的家乡果真暴发了瘟疫，一时间肉类奇缺，供不应求，而王和平因没有把握住市场信息并及时备货，造成了极大的损失。

后来，他锐意改革，才慢慢还清了之前的欠债。

现代决策理论的首创者西蒙认为："决策过程中至关重要的因素是信息联系，信息是合理决策的生命线。"

在上述案例中，管理者王和平因为缺乏收集信息的意识，缺乏对信息的敏感度，造成了决策上的失误，使工厂损失惨重。

肯德基是继麦当劳快餐店之后的世界第二大快餐连锁店，它以其独特的肯德基家乡鸡风味和方便迅捷的服务享誉全球。

但肯德基能打入中国市场并获得成功，很重要的一个原因就是，它在进入中国市场前广泛收集信息，并在此基础上进行科学的决策。

为了解中国市场，肯德基当时派人到中国北京实地考察。

这位考察人员在北京的几条街道上用秒表测出人流量，大致估算出每日每条街道上的客流量。

同时，他聘请一些大学生在北京各地设置品尝点，请不同年龄、不同职业的人免费品尝肯德基炸鸡，并在游人众多的北海公园广泛征求各种意见，详细询问品尝者对炸鸡味道、价格和店堂设计方面的建议。

除此之外，这位考察人员还对北京的鸡源、油、盐、茶及北京鸡饲料行业进行了调查，并将样品数据带回美国，逐一做化学分析。

在这一系列调查的基础上，肯德基认为，在北京开肯德基快餐店肯定会大获成功。

　　1987年，肯德基炸鸡店在北京前门正式开业，靠着鲜嫩香酥的炸鸡、一尘不染的餐具、纯朴简洁的美国乡村风格的店容，加上悦耳动听的钢琴曲，赢得了来往客人的声声赞许。

　　肯德基炸鸡店开业不到300天，盈利就高达250万元，原计划5年才能收回的投资成本，不到2年就收回了。

　　信息是市场的反映，只有懂得信息收集，才能分析市场，因为任何决策都是为了赢得市场、获得利润。

　　获得利润是企业生存的目的，所以，企业的一切决策都是指向市场的，而市场透露出的信息只有被管理者掌握之后，才能促使其做出符合市场需求的决策。

　　大数据时代的到来，为打破企业运营中所存在的局限提供了新思路，同时也对"解放数据生产力"起到了重要作用。海量的用户访问数据信息看似零散，却在背后隐藏着必然的消费行为逻辑。利用大数据进行分析，可以获得产品在各个区域、时间段以及消费群的库存和预售情况，然后以此判断市场的趋势，从而有的放矢地刺激用户需求，按照用户的需求配备并且优化产品，使得产品从开发、生产、销售到物流等所有环节走向智能化。因此，我们正在面临一场变革，这也是成功的企业在发展的过程中必须面对的。

　　马化腾在腾讯年度员工大会上讲：
　　"我们在两年前就开始谋求变化，在2010年底，我们启动了明星产品——微信，只用了2年的时间，就在外界取得了非常辉煌的成就，对内部也产生了很好的正面触动，这是非常可喜的事情。

2011年，我们对外提出了开放平台，将近两年的时间，我们取得了非常好的成果。

"在2012年，全世界都在发生巨大的变化，导致如此巨大变化的是移动互联网的浪潮。这比先前的料想来得还要猛烈。我们在之前已经做了很多准备，但还是被打乱了节奏，所以不得不以最快的速度做出调整。因此，我们今年最大的动作就是'5·18'，这是7年来我们做出的最大的组织变革。我们将过去的BU结构全部打散，变成了事业群、BG制，这个变革还没有完成，因为我们很清楚地看到，很多结构还不能完全适应移动互联网所带来的变化。

"无论怎样，我们已经迈出了这一步。但是中间的变化是非常困难的，充满了艰辛，还需要进行大量的协调。毕竟，我们各部门之间的成熟度都是不一样的，但到底是分为很多步走，还是一次性变化呢？对此，我们做了很多思量。比较幸运的是，过去了半年时间，我们看到转型还是相当成功的。"

对于腾讯公司架构的调整计划，马化腾已经酝酿了很多年，并在两年前就表示要对公司进行战略转型升级。

2012年5月18日，对于国内互联网人士来说，是一个十分难忘的日子。因为，Facebook在这一天用超过1000亿美元的市值在纳斯达克成功上市。也正是在这一天，被国内众多业界人士视作"中国Facebook"的腾讯公司，高调宣布了它的重组计划。

腾讯将从2005年开始"服役"，到当时长达7年之久的组织架构调整为六大线和电商控股公司。六大线分别是：企业发展事业群、技术工程事业群、移动互联网事业群、社交网络事业群、互动娱乐事业群、网络媒体事业群。

腾讯的成功并不是偶然的，而是来自对用户体验需求的长期关注、对外界技术以及外界变化趋势的高度敏感，还有根据不同发展阶段所做出的战略调整。

为了能够在未来更上一层楼，腾讯选择主动变革组织构架。腾讯处在上升期时更是这样，公司内部能够居安思危地为下一个5年计划做出如此大的改变，是非常难能可贵的。

作为一名企业家，马化腾对腾讯的掌控能力在中国互联网行业中无人可出其右。对于一个员工超过2万人的庞大组织，马化腾却能精准有效地变换阵势，这种掌控能力，很多企业家都难以望其项背。因此，他不仅仅是一名企业家，更是一名兵法家和谋略家。[1]

在德鲁克看来，企业作为一个组织，十分需要正确的组织结构。如果一个企业想要从业务单一的小企业逐渐成长为业务众多的大企业，就必须拥有适合自己的组织结构。对此，他在相关文章中表述道："那些希望获得成长的企业，即便是仅仅成长为中型企业，也必须深入思考并找出真正适合自己的组织结构。只有这样，才能使它在作为一个小企业经营的时候，有机会成长为更大的企业。"

---

[1] 摘自李世强编著《马化腾人生哲学课》。

领导要有魄力，做决策时不能犹豫不决

德鲁克认为，认准的事，就要当机立断，不要怕出错而拖延，不要务求皆大欢喜，世界上没有十全十美的事情，只需追求主体目标的实现即可。这也是管理者在决策时应该遵循的原则。

然而，并不是所有管理者都能做到，有些管理者事事小心、犹豫不决，从而错失良机。

关于企业管理者因为魄力不够而遭受损失的问题，德鲁克讲过一个故事。

里奇·西奥多在洛杉矶的郊外经营着一家资产高达1亿多美元的工厂。

这家工厂并不是里奇·西奥多自己一手打拼出来的，而是他继承的外祖父的产业。

里奇·西奥多生性温和，从小到大很少和人发生争执，即便发生了争执，也总是以他的退让而结束。

因此，在里奇·西奥多继承产业的时候，他的外祖父就多次告诫他要有魄力，在经营企业的过程中要温和，但不要软弱，你的魄力决定了你事业的高度。

对于外祖父的叮嘱，里奇·西奥多聆听了，但没有认真地执行，而这为他的企业后来遭受巨大损失埋下了导火索。

里奇·西奥多在继承了外祖父的工厂之后，由于没有管理企业的相关经验，主要依靠外祖父的得力副手阿瑞萨叔叔来管理——里奇·西奥多就像一个学徒一样，跟着阿瑞萨叔叔学习如何管理企业。

里奇·西奥多生性温和，再加上对阿瑞萨叔叔非常信任，所以在经营工厂的时候总是按照叔叔的话去做。

久而久之，阿瑞萨叔叔就对年轻的里奇·西奥多产生了轻视感，他觉得这个年轻人一无是处，根本不配拥有这家工厂。

就这样，阿瑞萨叔叔变得骄横起来，工厂内很多重要的决策，他根本不和里奇·西奥多商量就自己决定了。

对于阿瑞萨叔叔的骄横态度，里奇·西奥多不但没有多说什么，反而总是一味地退让。

他心想：阿瑞萨叔叔是跟着外祖父一起打拼的老员工，而且有着丰富的管理经验，我不能去管理他，也不能开除他。

正是在里奇·西奥多的放任之下，阿瑞萨叔叔变得越来越肆无忌惮。

由于阿瑞萨叔叔也持有一定的股份，他的决策总是牺牲大股东的利益而偏向中小股东的利益，这就使得里奇·西奥多的股份开始遭到稀释。

在这种情况下，里奇·西奥多的朋友们都建议他将阿瑞萨叔叔赶出管理层，可他就是下不了决心。

而就在里奇·西奥多犹豫不决的时候，阿瑞萨叔叔趁他不注意，将工厂的采购业务全部交给了另一家公司，并且签了10年的采购合同——那家供货公司就是阿瑞萨叔叔的妹妹创办的。

此时，里奇·西奥多才下定决心要将阿瑞萨叔叔清理出管理层，可为时已晚。这份有猫腻的采购合同导致工厂每年要损失近500万美元，10年就是5000万美元。但由于这份合同完全符合法律规范，管理层对此也没有办法，不得不继续履行。

许多管理者在做很多事情时往往犹豫不决，让良好的机遇从自己的身边溜走。

不错，管理者的谨小慎微固然可以免去一些做错事的可能，但也会因此失去许多成功的机遇。

俗话说："过了这个村就没有这个店。"

优秀的管理者总是善于把握机会，而蹩脚的管理者总是优柔寡断。

另外，如果管理者做出了某一决策，事后发现错了，就要立即纠正，即使要付出一定的代价。就像炒股票、炒外汇一样，一旦发现行情不对就应立即斩仓，否则将会越赔越多，最后输得很惨。

英特尔前总裁安迪·格鲁夫是一个善于在关键时刻做出果断决定的企业管理者。

在相当长的一段时期内，由于日本厂商的疯狂攻击，英特尔储存器的业务量急剧下降。他们生产出来的产品像小山一样堆积在仓库中无人问津。

由此，企业的资金链出了问题，英特尔陷入了前所未有的危机。

幸好，安迪·格鲁夫改革了公司的管理方式，创造了一套新的目标式管理方法，支撑住了英特尔的运营，也使得公司业务逐渐迈入了正轨。

安迪·格鲁夫和董事长摩尔讨论公司面临的困难和发展时，他问摩尔："若是你我都下了台，公司新选出一位总裁，你觉得他会采取什么样的行动呢？"

摩尔犹豫了一下，说道："也许他会放弃储存器业务吧！"

安迪·格鲁夫继续说道："那我们为什么不自己动手呢？"

一年后，安迪·格鲁夫提出了新的口号——英特尔，微处理器公司。英特尔也因为这次变革，走出了危机。

安迪·格鲁夫促成了英特尔这次决定生死的大转折，后来，在向公司解释新的发展目标时，他与每一个员工都耐心沟通交流，让他们明白他的意图。为此，他还每天花两个多小时给员工发送邮件，做他们的思想工作。

最终，安迪·格鲁夫成功了。在1987年的时候，他的头衔成了CEO，他成了英特尔名副其实的掌舵人。

格鲁夫时常思考这样一个问题：领导为何常常没有勇气去领导别人？这让人很费解。

后来，格鲁夫渐渐发现，领导必须在同事和员工喋喋不休地争论该走哪条路之前就做出决定。这个决定必须果断、明确，哪怕它的成败需要多年之后才能看到。可以想象，这无疑需要十足的信心和勇气。

对领导来说，这是一次严峻的考验。

而作为领导者，必须有果断决策的能力。所谓果断，是指把深思熟虑后的决定，迅速明确地表达出来。"果断"也说明了管理者的思绪高度集中、反应敏锐。

他对信息的吸收消化、对经验的综合运用、对未来的估计和推测，都能在较短的时间内凝聚成明确的指令。

"一看、二慢、三通过"的人，不可能成为一个优秀的管理者。因为在"看"和"慢"的过程中可能会产生更多、更大的风险。

美国著名管理公司——麦克金赛公司，曾经对管理卓有成效的37家公司进行调查。

结果表明，获得成功有8个条件，其中一条就是行动要果断，办事要有魄力。如果管理者决策时犹豫不决，说话模棱两可，就无法动员下属和得到下属的全力支持。只有自己坚定，才能使别人坚定。

许多管理者之所以犹豫是因为害怕冒险，一个成功的管理者，必定是一个爱与风险拼搏的人。管理者不敢承担风险并不等于风险不存在，消极地躲着它是躲不开的。

日本企业家松下幸之助说："我虽然时时都在不安与动摇中，但却具有能抑制那不安与动摇的一面。征服它们，完成今天的工作，产生对明天的新希望，由此找到生活的意义。我这50多年就是这样度过的。"

德鲁克指出，每当面临一个新的机会，在权衡之时，恐惧便会在管理者的内心里潜滋暗长，出现犹豫不决而造成拖延。

虽然这是许多人都有的心理变化，但如果不趁早加以克服，它就会慢慢累积并扩大。当它爬满你的心，进而侵蚀你的骨髓时，就回天乏术了。

管理者决策时，既不能仓促，又要当机立断。不仓促决断，就是首先要对事情有清楚的了解和明晰的认识。在彻底了解之前,不随随便便就做出决定。而一旦了解清楚,管理者就应当机立断,绝不犹豫。

群策群力，决策者应多听听别人的意见

德鲁克认为，再平凡的下属也有过人之处，再厉害的管理者也有能力的局限。不同意见的迸发与碰撞，可以激发出更多的灵感，产生更好、更全面、更完整有效的解决问题的方法。

大多数小企业发展滞后的原因，往往不是厂房小、设备、技术和营销方法落后，而是因为企业管理者的暴政独断，打压一切不同意见，大搞"一言堂"。

听说腾讯做决策的方式是非常理性的，不存在一人权力独大的现象，而决策的流程也非常理性。

通常在做一件事的时候，马化腾会第一个提出想法，然后让员工们提出建议，此后会把这些建议收集起来。

对于这些建议，大家要互相沟通，做出最切实可行的决策。

依靠这种方式做出的决策，往往是理性的，也是很可能取得成功的。腾讯的这种民主决策氛围从一开始就建立起来了。

1998年，即腾讯初创时期，除了马化腾自己对公司有控股权，腾讯还有另外四个创始人。

其中，张志东主管研发，包括客户端和服务器；曾李青主管市

场和运营，主要和电信运营商合作，也外出找一些单子；陈一丹主管行政，负责招人和内部审计；许晨晔主管对外的一些职能部门，如信息部、对外公关部都属于他的管理范畴，最开始的相关网站部也由他管。

这五人号称腾讯的"五虎将"，也是腾讯的五人决策团队。

此时的腾讯，马化腾虽然一股独大，但他并不会绝对控股，这从一开始就使腾讯的创始人团队形成了民主决策的氛围。

后来，腾讯不断壮大，即使发展到万人规模，仍旧保留着这种民主决策的氛围。

马化腾的集体决策理论是一种明智的企业管理方式。

对于企业管理者来说，决策是管理活动中最重要的一步，而要迈好这一步，就要做到合理决策、科学决策、有效决策，而合理、科学、有效的决策不是一个人能制定出来的，需要依靠集体的力量。

然而，在现实生活中，很少有人能够做到这一点。

王伟是一个农村人，初中毕业后在家帮父母务农。两年后，他外出打工，到了广东一家锅炉厂，在这里干了没多久，就发现销售锅炉很赚钱。他知道，他的家乡工厂不多，锅炉厂更少，但是很多公司、单位都需要锅炉。于是，他开始回家销售他们厂里的锅炉。

由于他的口才不错，对家乡又比较熟悉，加上父亲的朋友很多，他的锅炉生意做得很不错。除了支付工人安装锅炉的工资，一年他就赚了几十万元。

作为一个经销锅炉的"小老板"，他开始扬扬得意起来，觉得自己能力就是强。他相信，凭自己的经验和能力，他一定可以赚更多的钱。

有一次，一所县城中学扩招，学校的锅炉显得太小了，找王伟订购了一个大锅炉，价值50多万元。

王伟很高兴，很快联系广东的厂家。锅炉很快运过来了，他亲自带领技术工人去安装。尽管他不太懂安装技术，但是作为老板，他"好为人师"，全程指挥。对于他的安装方案，有的安装技术人员认为行不通。但是，王伟武断地认为他的安排没错，所有人都得按他的指挥来安装。面对独裁的老板，安装人员没有办法，只得照做。

安装好后，由于王伟设计的锅炉安装方法不正确，导致锅炉损坏。他不得不重新买锅炉，这让他一下子损失了五六十万元。

这个案例告诉我们，一个独裁武断的老板常常会听不进去别人的建议而做出错误的决策，从而给企业或者自己带来损失。

很多时候，决策失败的主要原因是参与决策的头脑太少。

在实际工作中，我们时常看到的情况是——一个重大的决策通常只由几个甚至一个大脑做出。

这种决策方式带来的风险是——由于决策者个人掌握的信息有限，造成决策的严谨性与周密性不强。

由于决策者对未来形势的变化估计不足，导致做出错误的决策和假设。

由于决策者通常不是一线执行人员，导致决策指导不了操作，缺乏可执行性。管理者在决策过程中往往会存在很多认识误区，这些误区将会使决策驶向错误的航道，从而影响企业的发展。

要想决策正确、合理，就需要了解多方面的信息，需要对企业经营中的不同情况进行有效判断。但是任何决策者都不可能掌握各方面的信息和资源，所以决策者必须重视别人的意见。

尽管某些意见不能被采纳，但至少可以作为决策的参考，即使是一些反对的意见，也可以提醒决策者需要规避决策中的风险。

德鲁克认为，管理者所制定的决策，如果众口一词赞同，通常就不是好的决策。

好的决策，唯有靠冲突意见的碰撞，靠不同观念的交锋，靠不同判断的抉择，才能做出来。

因此，决策的第一条重要规则便是：没有反对意见，便没有好的决策。

骄傲自满，是管理者的大忌

很多管理者都有这样一个思维：觉得自己的地位高，下属的能力不如自己，因此，下属的想法和方案都不行。这样的结果，就造成了下属干活越来越机械化，没有任何积极性。这样的管理者，也会因为骄傲自满，最终造成决策上的失误。

李萍因为学习成绩不好，高中没有毕业就去北京打工了。打工期间，她深感知识匮乏，找工作受影响，于是自学考了一个本科。

3年后，她不满足于给别人打工，开始自己创业。她回省城的科技城租了个门面，专卖监控设备。她深知自己在技术、管理等方面的能力不足，通过同学的介绍，多次去郑州大学向有关教授请教，教授还让自己带的硕士研究生到她的店里做实际指导。这样，尽管她刚开始创业，但因为好学、追求进步，还算比较顺利。

后来，她的生意越做越大，有了几十个员工，业务员、技术员都是大学生，而且，其中一个帅气的小伙还成了她的男朋友。

可是，取得了这些成果之后，她觉得自己非常了不起，常常表现得骄傲自满。而且,她觉得自己辛苦了好几年,该好好地享受一下生活了,于是她先是在市中心买了套房子,然后又去美容院办了年卡,还常常带男友及下属去KTV唱卡拉OK。在正得意自己过得很滋润时,她接到了一个大单,虽然对方可以先付订金,但因为项目需要的资金数目太大,而自己需要垫付的资金不够,她不得不放弃。尽管很多员工感到很可惜,但是她骄傲地说:"没有这点生意我照样活!"

后来,因为骄傲自满,她有些看不起那些大学生员工,甚至有时候会直接说:"大学生又怎么样?还不是来给我打工。"

一个月后,一个员工辞职了,接着又有好几个业务员和技术工人辞职了,这些辞职的人很快也在科技城做起监控设备生意来。这样,她的很多客户被她曾经的员工拉走了,她的生意越来越差。[1]

这个案例告诉我们,骄傲自满的管理者会有很多不良的行为,常常给企业带来一定的危害。上述这个案例启示我们,一定要戒除骄傲自满。

对一个管理者来说,每一名下属都是团队中不可或缺的一部分。然而,很多管理者常常会忽略这一点,对那些在最基层工作的下属视而不见。其实仔细想想,谁都会明白,最基础的工作都是由他们来完成的,他们拥有极其丰富的实践经验,这是中层干部甚至高层领导所无法比拟的。而管理者的目中无人往往会使这些员工寒心,从而离开,因为他们的努力和付出得不到领导的尊重与重视。

---

[1] 摘自李世强著《马云的人生哲学课》。

而如果是中层管理者骄傲自满,情况就会变得更糟。上级掌握着对你的控制权,他会十分反感你这种态度,而且在决策与支配的过程中表现出来,因此对中层管理者的成长十分不利。

拥有一双慧眼，决策才不会失误

德鲁克认为，同样的一种东西在不同的人手中，发挥的作用很可能会不同，甚至出现的结果也有着天壤之别。

这其中的差别并不在于东西本身，而在于一个人的眼光。尤其是在当今的全球化时代，企业管理者只有具有长远的眼光，看得准机会，决策才不会出错，才能跟上全球经济发展的形势，带领员工为企业创造财富。

德鲁克曾说："机会具有一个很大的特征，就是隐蔽性。"

任何人要想抓住机会，都必须具备一双善于发现机会的慧眼。可以说，缺少眼光的企业管理者，即使机会摆在面前，他也往往抓不住。

有着很好经济头脑的民族——犹太民族告诫人们："抓住好东西，无论它多么渺小、微不足道，你也要将它抓住，而不是任由它溜走；而如何看到机会、找到机会，就看你是否具备一双慧眼了。"

其实，现实中处处充满商机，关键在于企业管理者是否具备从信息中捕捉商机的眼光。

常言道："信息灵，则百业兴。"这简单的几个字就道出了信息对企业发展的重要性。因此，企业要想赚到钱，并实现高效管理，管理者必须具备一双慧眼,以及超强的应变能力。

如此一来,才能确保企业永远走在市场的前面,并随时根据市场的变化做出正确的企业发展决策。

然而,很多人缺乏发现信息的意识,往往不经调查,单凭主观臆断而盲目创业、生产,或者仿造他人的产品,没有一点儿自己的特色,结果在激烈的市场竞争中输得一败涂地。

而有些人虽然重视信息,但缺乏眼光,不能掌握信息中透露出来的获取财富机会,因此做出错误的决策而错失良机。

因此,企业管理者要想带领员工将企业推至行业龙头位置,就必须具备一双慧眼。

新疆广汇实业投资(集团)有限责任公司的孙广信就具有一双慧眼,他抓住了一个又一个机会,在关键时刻不失时机地发动"三大经济战役",赚得了巨额财富。

一个偶然的机会,孙广信得知一个信息,乌鲁木齐一家以经营粤菜为主的"广东酒家"因经营不善而倒闭。孙广信立刻意识到这是一个机会,他立即找到酒家老板,经过一夜详谈,加上孙广信自己对市场的分析,最后他决定举债67万元盘下了"广东酒家"。可吃惯了羊肉、牛肉的新疆人,看到那些活蟹、活蛇、鲜虾都躲得远远的,谁也不愿花高价就餐,"广东酒家"开业4个月就亏损17万元。于是,孙广信亲任前堂经理,并采取猛烈的宣传攻势,如印刷了大量精美的宣传品,派人在白领聚集的各大公司的楼下做宣传。这一广告做得还真不错,一时间来"广东酒家"吃饭的人络绎不绝,能在"广东酒家"就餐竟成了高贵身份的象征。不到半年时间,67万元的债款如数还清。

接着，广汇公司又创办了档次较高、具有代表性的"香港美食城""阳光大酒店""凯旋门娱乐城"等八个实体店铺，取得了第一个"战役"的全面胜利，拉开了广汇公司经济大发展的序幕。

新疆石油行业每年都有几十个亿的内外贸易要做，因此引来了海内外大量客商。孙广信心里暗暗想，这些中外客商离新疆如此遥远，我们就守在家门口，为什么不能近水楼台赚他一笔呢？于是在朋友的帮助下，他开始做起了石油生意。第一笔生意是进口一批石油钻井零配件，接单后，孙广信单枪匹马地跑了几趟北京，仅用了3个多月的时间就做成了90多万元的生意，获纯利润23万元。

小试身手后，孙广信迅速确定了"第二个经济战役"的方向，抓住新疆石油贸易大发展的契机，努力跻身国际大贸易圈。

孙广信的广汇公司与内地两家有进出口权的大公司——中国陆地石油科技开发公司和中国电子进出口公司结成伙伴，成为它们在新疆的分公司。两年来，广汇企业的石油贸易成交额达1个亿，为企业的再发展奠定了雄厚的资金基础。

20世纪90年代初期，房地产业骤然兴起，新疆有了一百多家房地产公司。可半年后，房地产业受相关政策影响，业绩全面滑坡，就是在这种状况下，孙广信却以超人的胆识将资金投向房地产，展开了广汇公司"第三个经济战役"。他们以超常的规模和速度，在西北五省首先推出5万平方米商品房跨年度分期付款的销售办法，还豁出血本在区内外各大媒体做宣传，仅房地产方面的广告费就达400多万元。

人们还未回过神儿来，他们又将企业集团从第三产业向第二产业全面推进，着手建设亚洲最大的花岗岩石材加工中心。

就是这种敏锐的眼光和果敢的行动，使广汇公司成为新疆的企业巨头。

从孙广信的案例可以看出,企业要想蓬勃发展,企业管理者首先要具备一双慧眼,因为这样才能利用信息赚钱。信息意味着商机,越早掌握商机的人,赚到的财富自然越多。可以说,信息就是当今时代的决定性力量,谁能发现有价值的信息,及时拥有有价值的信息,谁就能永远活跃在市场的前沿,成为商场的领袖。所以,对于那些同样想有所发展的企业来说,其管理者必须具备一双慧眼。现实中一些管理者的个人素质虽然千差万别,但只要具备一双慧眼,能从冗杂的信息中发现对企业发展有利的商机并实施有效管理,就有机会实现企业制定的目标。

而在日常的管理工作中,德鲁克也一直强调眼光的重要性。

在他看来,管理者是否具有一双慧眼,决定着企业实施的管理是否有效,更决定着企业发展的未来。

Part 3

战略管理：
领导没有规划，
企业就没有未来

战略没有分析，风险将随之而来

德鲁克强调，风险就是指企业在未来发展中出现亏损的可能性。只要企业的一项投资存在亏损的可能性，就等于企业存在风险。企业虽不能完全避免风险，但管理者却可以根据自己的调查分析，从而规避一定的风险。因此对于管理者而言，有必要学会分析风险、管理风险。

在现代社会中，有许多企业就是通过高效管理获取财富，甚至成为同行业中龙头企业的。

德鲁克认为，对风险进行分析和管理的主要作用在于控制风险，以及从危机中寻找机遇。管理者分析风险之后，可以运用各种手段将风险指数大大降低，减少企业发展中可能存在的损失，甚至在风险中获利。

因此，如何对风险进行分析，对于任何一个管理者来讲，都是一门必修课。

管理者在实施管理的过程中，会不可避免地受到外界环境的干扰。此时，往往就会出现风险，这就要求管理者在进行投资时，一定要谨慎了解市场行情，对未来市场做出预测，把可能成为企业危机的风险量化处理。其实，任何事情都存在风险，投资也不例外。

如果一个人害怕风险，那么他将和财富无缘。企业管理者在表现出"初生牛犊不怕虎"的勇气，面对投资市场上的风险，学会分析风险、规避风险的时候，就会发现投资是锻炼自己的管理意志，也是为企业实现梦想的方式。

在企业的发展历程中，众多企业家都在思索关于模式的问题，尤其是采取什么样的模式才能把企业做大做强，获得更多的利润，让企业在竞争中脱颖而出。

可以说，许多企业家都在盲目寻找所谓的最好的模式，而阿里巴巴拥有者却说没有最好的模式。事实上，阿里巴巴的赢利模式就是根据国情及公司现状创造出来的。

对于商业模式，阿里巴巴的拥有者有着自己独特的看法。

他认为，在企业的发展初期，如果发展趋势比较好，赢利模式相对比较成熟，就会积累一定的客户群，这对企业接下来的发展至关重要。但当企业进入高成长期，赢利模式就显得十分重要了。

企业进行扩张要符合其当前的赢利模式，不符合赢利模式的扩张就像是吃了一块石头，而胃是不能消化石头的。

在国内，有不少企业面临着这样的问题：通过多年的努力，企业的规模上去了，但赢利水平却让人十分担忧，这主要是因为其规模和赢利模式不能同步。

在传统行业里，这种情况更为普遍，因此，如何寻求好的相关模式成为很多企业拥有者面临的难题。

现在有不少企业已经找到了其利润低下的症结所在，渐渐放弃追求完美的赢利模式，而是根据市场情况以及行业目前的情况来确定相关模式，许多企业最终获得了成功。在这一点上，海尔集团确定赢利模式的思路和阿里巴巴相似。

海尔集团董事长张瑞敏认为："企业的发展离不开好的赢利模式，而赢利模式没有最好，只有更好。换句话说，只有符合企业发展需要的赢利模式才是真正适合企业的。"

海尔集团曾经因为赢利模式的问题一度陷入困境，不合适的赢利模式一度导致海尔产能效率低下、创新能力缺失。

通过摸索，张瑞敏找到了适合海尔的相关模式，他认为，企业高速成长的关键在于企业能够拥有好的赢利模式；而这种赢利模式也许并不是最好的，但一定是符合企业发展的。适合企业的赢利模式将会进一步推动企业的发展。

事实上，最优秀的模式往往是最简单的。考虑市场需求和企业现状，就能够找到合适的赢利模式，从而赢得更长远的发展。当然，一个合适的赢利模式，必然包含着对于企业风险的分析。

在现实管理中，德鲁克也强调，任何企业的管理者都有责任去学习风险分析，因为它和日常的管理工作紧密相连。如果学习效果不明显或者对风险的分析出现偏差，不仅会让管理者自身实施的管理失去价值，还会导致企业陷入低效的发展状态。为了避免这种情况，企业管理者有必要学会风险分析。

做事之前没有制订
战略计划，事到临头手忙脚乱

制订战略计划是必需的。没有战略规划指导的企业，很容易迷路；迷路了的企业，很难不误入歧途；迷路后走入歧途的企业，失足是必然的——这就是造成许多企业辉煌不再的根本原因。

所以，不能以"忙"为借口，把制订战略计划推到明天——因为你今天所做的事情，都几乎会构成未来命运的一部分。

谈起企业战略，不得不提及可口可乐公司进入中国市场时在北京大学校园里的一次促销活动。那年冬天让人感到温暖，因为大家都可以在午餐、晚餐时免费享用这家世界闻名的大公司所提供的老牌产品——可口可乐。外国公司的慷慨之举使得偌大的饭厅里排起了不算短的队伍，当莘莘学子手持红色纸杯走向饮料机时，虽然大多数人会怀着一种复杂的心情来评价这次促销活动的创意，甚至会称道洋人的精明，但更会被外国企业的战略眼光所折服——如今，可口可乐已经占领了我国碳酸饮料市场份额的16.3%，那个印有中英两种文字的红色广告招牌像潮水般地席卷了各个城市的街头巷尾。

对于企业的长期发展而言，战略管理绝非小事。做事之前没有合理的战略规划，企业盲目前进，当遇到问题时，只会是手忙脚乱，举足无措。那么我们应该如何做呢？

1. 让战略落到实处

放眼真正的目标规划，在实施的同时也要制订出实现战略计划的一系列方案，使战略有实现的可能。战略定出来，还需要落实，需要通过战略咨询会、目标预算咨询会等一系列管理手段，将企业的战略变成业务单元的策略，变成具体的行动计划，变成一系列的财务数据，变成一系列的考核指标……这样就有了可操作性。

2. 让战略具有前瞻性

战略计划不是告诉我们"明天会发生什么""明天应该做什么"，而是告诉我们"目前的思想和行动必须包括怎样的未来性""今天必须为不确定的明天做什么"。

战略计划虽然是前瞻性的，但是需要未来的检验，但决策是现在的。只有前瞻性地看到未来，现在才能做出正确的决策，避免发生重大损失，这个结果是未来来检验的。

每个人今天作的决策，客观上都包含着一定的未知性，都会在将来被验证。差别在于，今天决策时，有没有前瞻性地看到未来的变化趋势，看到未来的机会和挑战——这就是制订战略计划的意义所在。

对于目标管理，领导者不能缺少有效策略

或许，很多企业都会遇到这样的困惑：制定的目标总不能完成。在德鲁克看来，这与管理者有着极其紧密的关联，用德鲁克的话说就是"管理者缺少对目标管理的有效策略"。

查尔斯·施瓦布曾任美国卡耐基钢铁公司的总经理，他能够一步步走向成功就源于他能够把公司的事当作自己的事来做。

他曾经对员工这样说道："公司的事就是自己的事，只有这样才能把工作做好，才能取得一定的成功。"

查尔斯出生在一个很偏僻的村庄，小时候家里非常贫穷，他在15岁那年便辍学，外出打工。

历经许多磨难之后，他来到了钢铁大王卡耐基的建筑工地打工。

打工的第一天，他便下定决心，对工作一定要尽心尽力，争取成为最出色的员工。

于是，他在工作中积极努力，同时努力学习各种知识，从一般建筑工人升为技工，后来又升为技师，再后来成为部门主管、建筑公司总经理、布拉得钢铁厂厂长、卡耐基钢铁公司董事长。

而这些成绩的取得与他的信念是分不开的——"公司的事就是自己的事"。可以说，正是基于这句话、这个信念，才让查尔斯在卡耐基钢铁公司董事长的宝座上一坐就是7年。

在第7年，控制着美国铁路命脉的摩根要与卡耐基联合经营钢铁。起初，卡耐基并未理会他提出的要求，也没有把这件事放在心上。

摩根见状便向外界宣称，如果卡耐基不同意联合计划，他就会去找当时美国第二大钢铁公司——贝斯列赫姆合作。

这时，卡耐基有些坐立不安了——如果他们真的联合起来，那自己的公司就有可能竞争不过他们。

于是，着急万分的卡耐基找来他最信任的查尔斯，对他说："你替我去找摩根，和他谈谈合作的事情。带上这份文件，一定要按照上面的要求进行谈判。"

查尔斯看了看文件，笑着说道："您把摩根想得太厉害了，此前我对他做过调查，他并没有您想象的那般厉害，不会轻易和贝斯列赫姆联手的。如果按照您开的这些条件，您的利益将会损失很多，而摩根一定会很高兴地接受。"

此后，查尔斯就把掌握的摩根的情况对卡耐基一一做了汇报，认真细致地分析之后，卡耐基感觉查尔斯说得非常正确，自己的确高估了摩根的能力。

于是，卡耐基把这件重要的事情完全放心地交给查尔斯去处理，因为他相信查尔斯一定会完成得非常漂亮。

而结果在他的意料之中——查尔斯和摩根的谈判进行得很顺利。谈判结束后，查尔斯为卡耐基争取到了绝对优势。但摩根感觉自己有些吃亏，于是用一副高高在上的姿态对查尔斯说："那就这样吧,明天你让卡耐基来我办公室签字。"

第二天一大早,来到摩根办公室的人是查尔斯而不是卡耐基,摩根一脸吃惊,疑惑地问道:"为什么卡耐基没有来?"

查尔斯说:"他让我向您转达一句话,'从第51号街到华尔街的距离,与从华尔街到第51号街的距离是一样的。'"

摩根沉默了一番后,对查尔斯说:"那我过去吧。"

久经商场的摩根很少屈尊去别人办公室,但这次的对手是一向以公司利益为重的查尔斯,所以他只好舍下老脸俯首屈就了。

而查尔斯在避免公司遭受巨大经济损失的同时,还为公司创造了巨大的利润,并让他的上司卡耐基的脸上增添了许多光彩。

可以说,现实中有很多这样的管理者,他们认为自己只是高级打工仔,公司的事与自己无关,即使公司倒闭了自己还可以去别的公司,继续干相关工作,拿属于自己的工资。

所以,有些管理者总想着应付工作,能避开的事务绝不插手。企业掌握在这样的管理者手中,其命运可想而知。

德鲁克强调,如果管理者把公司的事情当成自己的事情,用战略性的眼光看待工作,就会知道自己应该怎么做才能让工作更出色,更好地解决在工作中遇到的各种问题,进一步管理好公司,从而让公司设定的目标得以实现。

20世纪80年代,德鲁克在哈佛商学院进行的一堂培训课中,向参加培训的学员讲述了这样一个有哲理的故事:

意大利东北部城市佩扎罗有一位手艺很出色的木匠,他几乎做了一辈子的木匠活。

他找到自己的雇主，并告诉他，自己年纪大了，不想再做这种体力活了，想回家和老伴一起过清静悠闲的生活。

虽然雇主见他确实已到了一定的年纪，再干下去也不会支撑多长时间，但他依然请求老木匠在临走前再建一栋房子。

老木匠虽然答应了，但此时他的工作态度却和以前有了很大的差别——以前的他会全心全意地工作，现在的他不仅技术有所退步，而且有时候为了省事，还马虎敷衍。

不久，房子完工了。雇主来看房子的时候顺便把房子的钥匙也交给了老木匠，并一脸深沉地对他说："这所房子送给你了，希望你能住得舒服。"

老木匠一下子惊呆了，因为他无论如何也没有想到事情会是这个样子。

如果他早知道这是为自己建的房子，他一定会用自己最精巧的手艺认真对待，绝对不会偷工减料。

至此，虽然他后悔不已，但也毫无办法。

由这个故事便可以看出，人生就像是一项只有一次机会的工程，我们只能选一次。

德鲁克一直认为，管理者在日常工作中，应该用富有前瞻性的眼光对待管理工作，并将公司的事情当成自己的事情去做，因为这样可以最大限度地让企业制定的目标得以实现。

市场在不停变化，管理者的思维要与时俱进

管理者必须要认定，这世界上没有不变化的事物，只有一个例外，那就是"变化"。

正因为"变化"是永恒的，所以只有根据市场的变化去制定企业的战略，才能跳出"行为惯性""思维惯性"的怪圈。

德鲁克告诉我们，身为管理者一定要记住一个道理——忘记经验比记住经验更加重要。

因为只有忘记了经验，才能跳出以前的固有模式，走出"行为惯性"，才能逃离思维这堵墙，真正地突破自我。

一位贩盐的商人，牵着毛驴去买盐。盐买到后，他把盐驮在驴背上。

在返回的路上，要经过一座狭窄的石桥，小溪从桥下流过。

商人牵着毛驴，在湿滑的石桥上小心翼翼地走着，忽然毛驴滑倒，一下子跌进小河，它驮的盐被河水溶化，只留下了几个空口袋还系在鞍上。

过了不久，商人又赶着毛驴去购货，这次没有买盐，而是买了许多棉花。

毛驴高高兴兴地出发了，它心想："这口袋真轻，一到那座石桥，再想办法跌到小河里，背上就会变得更轻了。"

不一会儿，他们来到石桥上，毛驴这次故意跌到水里去，在水中挣扎，等待驮的东西像上次一样溶化掉。

可渐渐地，毛驴感到背上的口袋越来越重，它心想："这是什么东西？不对劲儿呀！"

于是，它开始拼命地大叫："救命呀！救命呀！"

但最终，它没能再从小河中出来。

依靠经验就是依赖以前的思维模式，这时，人往往不会理会环境的改变，依旧按照以前固有的思维行事。

然而，正是以前的成功经验会束缚管理者的思维，因为以前和现在不同，照搬原来的思维模式只会让企业在竞争中处于不利的地位，导致利润下滑。

正如法国生物学家贝尔纳所说："妨碍人们学习的最大障碍，并不是未知的东西，而是已知的东西。"

事实上，任何新概念和新模式都是一时的，随着时代的发展、社会的进步，任何新事物也终将变为旧事物。就吉利集团来说，其战略已经有了几次转型。

1998年，随着第一辆吉利汽车在浙江临海市下线，"造老百姓买得起的好车"也正式成为吉利人的造车理念。

在这之前，市场上最便宜的轿车每辆价格在13万元左右，而李书福造的车价格竟然是4万元，这一低价战略为吉利集团迅速打开了市场。

随着自己企业市场的壮大，李书福不再仅仅追求低价战略，还要追求品质。

2007年5月，在市场还是一派"暖春"景象时，吉利集团却悄然进行了产品的更新换代，从"造老百姓买得起的好车"转型为"造最安全、最节能、最环保的好车"，把企业的核心竞争力从成本优势转向技术优势。

吉利集团开始了从"低价"战略向"技术领先、质量可靠、服务满意、全面领先"战略转型，确立了"造最安全、最节能、最环保的好车，让吉利汽车走遍全世界"的企业使命，以及"到2015年实现产销200万辆，其中三分之二外销"的目标。

正是这种战略转型，为吉利集团适应市场需求提供了保证。

2008年，吉利实现整车销量22万多辆，出口增长79.8%，全年纳税总额超过10亿元。

尽管全球汽车市场面临着严峻考验，但2009年一开年，吉利集团在短短两周时间内，销售整车超过1.5万辆，比上一年同期增长40%，国内的四个生产基地全部开足马力，加班加点生产。

百事可乐公司前总裁韦恩·卡拉维说："'只要还没有失败就坚持下去'的想法是错误的，在当今经济社会中，知道要失败时就要赶快改变战略，否则早晚会完蛋。"

不仅要在知道快失败时赶快转变战略，就算在企业的业务如日中天的时候，也要时时抓住机会，转换战略。

索尼公司是横跨数码、生活用品、娱乐领域的世界企业巨擘，但它在刚成立的时候，并没有涉足电子消费品市场。

索尼公司之所以从刚成立时的通信技术领域转向电子消费品市场，和晶体管的发明有莫大关系。

1947年，美国贝尔实验室发明了晶体管，尽管当时美国几大家电制造商都意识到能把晶体管应用到收音机、新品牌电视机等电子产品中，但没有一家制造商付诸行动。

10年后，盛田昭夫在报纸上了解到晶体管的消息，专程前往美国，考察了贝尔实验室，并且了解了晶体管的制作流程，最后以当时被认为很荒唐的价格——2.5万美元，从贝尔实验室买断了晶体管的生产经营许可权。

两年后，正在美国制造商们讥笑盛田昭夫的时候，索尼推出了世界上第一台便携式晶体管收音机，重量不及真空电子管收音机的五分之一，而成本不及其三分之一。

3年后，凭借晶体管收音机，索尼公司占据了美国低端收音机市场。

5年后，索尼公司占领了全球收音机市场。

德鲁克认为，对于一家企业来说，如果没有相关战略，那么再好的机会也不能称之为机会。

企业要想成为市场的领军者，就得根据时势的变化制定自己的战略，因为再好的战略在变化迅速的时势面前也会显得滞后。

若是没有行动,再好的计划也白搭

南怀瑾先生曾说过一句话:"人类心理都是一样的,多半爱吹牛,很少见诸事实;理想非常高,要在行动上做出来就很难。"

对多数人而言,生活的确如此。"只想不做的人只能生产思想垃圾。"

布莱克说:"成功是一把梯子,双手插在口袋里的人是爬不上去的。"

有个博览群书的教授与一个目不识丁的文盲相邻而居。虽然二人社会地位和家庭背景不同,但目标却十分一致,那就是成为富人。

博学多识的教授每天都跷着二郎腿大谈特谈他那关于致富的想法,文盲则在旁边认认真真地听着。他对教授的学识与智慧十分敬佩,并且按照教授所说的致富设想开始干起来。

十几年过去了,当初那个潜心听讲的文盲成了百万富翁,而侃侃而谈的教授却还在空谈他的致富理论。

思想很重要,但光有思想而不行动则是不行的。许多优秀的人的本性不是消极等待而是积极行动,这种本性不仅能让他们适应某种特定的环境,还能创造环境。

克雷洛夫说:"现实是此岸,理想是彼岸,中间隔着湍急的河流,行动则是架在川上的桥梁。"

我们应当把理想当作基础再加以行动,否则,任何美好的理想都是空谈。

一个贫困潦倒的中年人,隔三岔五祈祷,而且每次的祷告词几乎都是一样的:"请您让我中一回彩票吧!"

没过几天,中年人又垂头丧气地来到教堂,仍然跪着祈祷:"为什么不让我中一回彩票呢?我愿意更谦卑地来服侍您!"

又过了几天,中年人再次重复他之前重复过很多遍的祈祷词……

最后,当他再次祈祷时,得到了神的回应。

神说:"你的祷告,我听到了。但你得先买彩票,我才能让你中吧!"

这个故事虽然有些可笑,但我们不得不反思,生活中这样只想不做的人还是占多数。那些人沉溺于成功的幻想之中,整日幻想有朝一日成功会变成现实。

事实上,有些人根本不可能实现梦想。原因很简单,整日幻想而不付诸行动,哪里会获得成功?

确定人生的目标是一件很容易的事情,实现它却很难,但只要你积极地去做,难的事情也会变得容易。

生活就像骑单车,如果不能保持运动,就只会翻倒在地。工作时，绝对不能把"踩脚踏板"的脚停下来。

做任何事情都要讲求实效。心动不如行动，不去做就永远没有实现的可能。

有一家名为"蜀地传说"的餐厅，它的拥有者是毕业于上海戏剧学院表演系的任泉。谈到开这家餐厅的初衷，任泉说道："大学刚毕业的时候，一次吃到朋友父亲做的'辣鱼'，很是喜欢，于是打算自己开家餐厅。"

有了这个想法后，他没有仔细筹划，就开始经营它了。刚开始，餐厅的布置很简单，就几张桌子、几把椅子而已，后来慢慢地才形成规模。

在谈到创业经验的时候，任泉坚定地说："其实并没什么，只有一点，有想法就马上去做，不要拖，不要想太多，理想往往就是通过几把椅子搭起来的。"

有时，太多的论证、准备或者观察，往往是心理的自我保护，是一种刻意的拖延，是退却的"完美托词"。"不要拖，不要想太多。"事实上，成功就是这样，想到了就去做，只要有心，任何困难都可迎刃而解。

德鲁克说，无论多么好的计划，没有实践，只不过是一个美好的愿望而已。计划要想取得成功，唯一能做的，就是把它转化为行动。

Part 4

创新管理：企业没有创新，就没有更好的发展

唯有创新，企业才能充满活力

在德鲁克的眼里，"创新"是企业的基本职能之一。

对于企业来说，"创新"是让自己在市场中立于不败之地的保单。有句诗说得好："山重水复疑无路，柳暗花明又一村。"

有时候逆向思考一下，没准会有意想不到的转机。换个角度，就能看到不同的天空，但这也需要很大的勇气。

2001年，年仅28岁的江南春就是一家年收入几千万元的公司的老板了。

但江南春对现状并不满意，他希望自己在事业上还能做出更大的成绩来。

江南春发现一个有趣的现象：许多公司的老板、高管们一般都选择直接将车开进公司车库，然后坐电梯进入办公室。如果能在电梯这个有限的空间内做广告，专门针对这类人群，那真是再合适不过了。

有了这个想法后，江南春就着手去办，他陆续将自己2000多万元的家底拿出来，在上海顶级的50栋商业楼宇中安装了液晶显示屏。

一开始，效果并不如他想象的好，客户们并没有掏腰包投放广告，而是按兵不动。没有广告收入，江南春只得一直烧钱苦撑着。

8个月后，他终于得到了日本软银的一笔投资。此后，高盛、德丰杰等著名风险投资公司相继投资，江南春这一创新的想法得到了支持。

江南春的创新思维，使他的事业再创新高。其实，可以实现创新的地方无处不在，就看你有没有实现创新的意念。

在互联网时代，周鸿祎认识到凭"经验主义"做事，给企业带来的将会是毁灭性的打击。周鸿祎不但认识到了问题的严重性，还通过具体行动带领公司迅速做出调整，坚持先把自己清零再做产品。特别是进入移动互联网时代，周鸿祎更加明白，移动产品的打造不再是换换界面、简单改进，要想打造成功的移动产品，就要彻底忘记原来的产品理念，重新开始。

周鸿祎的移动产品在打造观点上给很多开发者以启发：在打造移动产品的时候不能用过去的经验套实践，不能依照PC产品经营方式打造移动App。移动互联网时代的到来，让很多企业经营者热血沸腾，他们争先恐后地进入移动互联网行业，企图在移动互联网行业里分一杯羹。然而，很多开发者和运营商做得快，失败得也快，原因就是他们没有进行创新，仍在依靠PC互联网思维打造移动互联网产品。

我们不难发现，移动互联网时代中的创新对于企业发展的重要意义。在这个时代，智能终端开始普及，平板颠覆了PC，智能手机颠覆了传统手机。变革巨大，而如果管理者此时的思路还停留在传统互联网产品上，那么，迟早会被时代淘汰。当今时代，企业要想做强做大产品，就必须进行创新。

如今，网络上、书店里教人如何成功的书籍很多，也有一些名人言论非常流行。对一家企业来说，成功不是人人都可以复制的，比如企业管理、策划、操作、宣传等，也都因人而异，但每一家企业的成功都离不开完善的经营理念。

经营理念不是呆板地教你如何操作，而是一个成功企业家的精神修行，是企业的灵魂所在。

马云在清华大学演讲时说，创新不是要打败对手，不是为了更大的名利，而是为了社会、客户和明天。创新不是与对手竞争，而是跟明天竞争，因为真正的创新一定基于使命感，这样才能持久。

这一席话道出了一位优秀企业家的经营理念，不是教你降低成本、提高产量或者欺诈客户，而是让你从文化上提升自己的品牌，从而拥有更多的追随者。

马云小时候就有很大的梦想，想考进清华、北大。他说自己不是一流的人才，但"天生我材必有用"，人要找到适合自己的成功方法。

他不相信一流的人才，只相信一流的努力。与对手交锋，不要被他"艳丽的羽毛"所吓倒，要始终用欣赏的目光看自己。

人要懂得创新，而不是从对手那里获取经验，然后复制。马云做阿里巴巴十多年，成功让一家小企业成长为网络巨头。他不仅做成了一家企业，还影响了一个行业，甚至影响了全球许多人的生活方式。

2000年，祖籍江西的董克勤怀着一个伟大的梦想——他想把景德镇的瓷器卖到全世界。

但早在200年前，景德镇瓷业生产就开始走下坡路。一直到20世纪七八十年代，由于相关体制、观念等原因，景德镇陶瓷工业一直裹足不前，不仅落后于德国、日本等制瓷大国，也渐渐失去了在国内的领先地位。

董克勤考察了当地的许多小作坊后发现，他们的产品做得倒是不错，但多数是给别人做贴牌，利润其实很少。

那一段时间，他也彷徨过，但并未放弃。

2005年，董克勤发明的"哈哈尼"彩色瓷泥的生产方法荣获"中国专利20年优秀成果展"金奖。此时，他已经积累了一些资金，突然想起自己做陶瓷的初衷。赚钱？和别的企业一样吗？当然不是，他想做一个陶瓷的民族品牌。

2006年，董克勤在北京开了3家陶瓷店，开始以"环球陶瓷"的名义给宜家供货。

从此，那些精美的陶瓷有了自己的牌子——"环球陶瓷"。董克勤没想到，就是这个大气的名号让他的瓷器蹿红，许多商家慕名来谈合作。

企业竞争的核心不是看谁赚得更多，而是看一个企业是否有自身独特的价值。如果你愿意为此而打拼，也许更大的成功就摆在你的面前。

竞争是无情的，只有创新，才能让企业充满活力，这也是企业在激烈的竞争中始终立于不败之地的根本。

在激烈的市场竞争中，一切失败，归根结底是理念和思维方式的失败。假如管理者能够在理念和思维方式方面解决问题，无论竞争对手多么强大，他最终都能战胜。

寻找创新源泉，理性承担创新带来的风险

很多企业发展遇到瓶颈，并非是因为遭遇资源或者资金的问题，而是不懂得创新。

德鲁克说过："创新是企业家的具体工具，也是开创新的实业、新的服务的机会和手段……企业家们需要有意识地去寻找创新的源泉……"

地球每时每刻都在转动，外界环境时时刻刻都在变化，企业生存的环境有可能突然从正常状态变得不可预测。

德鲁克提醒我们，作为管理者，应该在日常工作和培训中赋予这种变化以合理性，习惯于用多种方式解决问题。有人说创新是企业的灵魂，实际上，创新也是管理者甚至每个员工长足发展的助力。

早期的邮票都是连在一起的一大张，邮政人员在出售邮票的时候必须备有裁纸刀，把整张的邮票裁开再卖给需要的人。

而寄信人一旦买了整张邮票，用时也要使用小刀裁割，这样麻烦又不易裁齐，常常造成不必要的损失。

有一天，英国发明家亨利·阿察尔在酒吧喝酒时，看见身边一

个人写完信后，拿出了一大张邮票。可因为手边没有能剪裁邮票的小刀，他只好取下了西服领带上的一枚别针，在邮票之间的空白处连刺了很多排列整齐的小孔，然后轻而易举地把邮票扯成工整的小张。

阿察尔受到了启发，立即展开研究和实验，不久后，"邮票打孔机"问世了。

英国邮政部门闻讯后立即大量购买，打孔机也很快走向了全世界。

创新常常来自于遭遇的困难，像苍蝇一样碰壁后就会转换方向尝试。

阿察尔发明打孔机是基于解决邮票分裁难的问题，也就是说，从问题出发去解决问题，才有可能突破现有的瓶颈。

德鲁克还认为，很多企业和管理者不能创新的原因，不是他们不懂如何在头脑里进行崭新的、创造性的思维，而是他们不知道如何从头脑里淘汰旧观念。

陶师傅一辈子都在小镇上待着，经营着一家豆腐作坊，以此为生。但是最近几年，陶师傅发现豆腐作坊的生意越来越难做了，人们开始不上门来买豆腐，就连以前的老主顾也不再光顾了。

这天，因为没有多少生意，陶师傅早早地关门，去街上遛弯儿。他走到一个地方，发现一间店铺前挤满了人，大家都在排队买那家店铺的东西。陶师傅感到好奇，便走过去看，想知道到底是什么让大家这么喜爱。

没想到，那居然是一家卖豆腐的店铺。陶师傅看到排队的人中有不少是自己以前的老主顾，便生气地走上前质问那些老主顾："他家的豆腐有什么好？难道比我做的手工豆腐还要好吃吗？"

看到陶师傅不高兴了，那些老主顾一边安慰他，一边给他介绍这家新开的豆腐店如何厉害。听他们说那么厉害，陶师傅很不服气，他也买了一块豆腐，拿回家去看看到底有什么高明之处。

仔细品尝之后，陶师傅发现这家店卖的豆腐果然很好吃，比自己做的豆腐要强很多。他找到那个店主，去讨教做豆腐的秘方。那个店主指着墙角放着的一台机器说道："我没有什么秘方，都是这台做豆腐机器的功劳。"

陶师傅一直认为豆腐就应该按照祖上流传下来的手艺进行手工制作，没有想到早就出了专门做豆腐的机器，可以做得又快又好。在新豆腐店的冲击下，陶师傅的豆腐店很快关门了。

没有新思路、新创意，很容易就会被淘汰。只有具备了敏锐的嗅觉，具有"变"的观念，才能永远前行，处于不败之地。

德鲁克告诉我们："创新就是创造一种资源。"

很多看似无用的废物，若能改变它们的使用方式和使用之处，将会达到意想不到的效果，这未尝不是一种创新。对于管理者来说，处处都是可以改变的事物，关键在于能不能运用恰当的方式改变它们，使之成为一种新资源。

德鲁克认为，市场所倚重的创新被认为是企业发展的持续动力，但许多公司的管理者都未能有效地营造一种促进创新和激励创新的环境，使企业发展停滞不前。要知道，企业不发展就等于是在倒退，所以管理者必须具备创新能力。

德鲁克还强调，管理者不可能是最优秀的技术人员，也不会是最精英的营销人才,更不是一呼百应的企业最高领袖,他们的工作是侧重于日常经营的常规性任务。

他建议管理者,要懂得什么是自己应该做的,在工作中以创新的思维方式开创新思路和新方法,但不能过分追求创新的程度和数量,造成原有业务的瘫痪。要保持合理、适度的创新,这样既活跃了工作程序和氛围,又不会浪费太多时间和资源。

同时,德鲁克认为,创新也是具有风险性的。在创新的过程中,风险是由不确定性引起的,例如:创新参与者的能力不确定、企业搜集创新资源的能力不确定、将创新资源转化为现实产品的能力不确定、产品销售能力不确定……

对于创新本身来说,所需技术是否先进、是否能复制、是否复杂、更新的速度如何,都影响着创新结果,而且我们完全不知道创新结果是否符合市场经济规律、是否具备价值、是否能够被消费群体接受。

上述任何一个不确定性单独出现都会导致创新活动的失败,如果同时出现更是完全否定了整个创新活动。

他指出,在创新过程中可能出现大量的风险,这是非常正常的现象。管理者在最初拟订计划的时候就要有遭遇失败的准备,并且尽可能降低创新的风险性。

最后,德鲁克给我们这样一个忠告:创新的道路并不会一帆风顺,也不可能初次尝试就能创造利润,因此管理者要有承担风险的勇气。

创新在于不断探索，没有尝试哪来成功

德鲁克始终认为，"探索"在企业完成目标管理的过程中不可或缺。

爱因斯坦曾经说过："凡在小事上对真理持轻率态度的人，在大事上也是不足信的。"

这句话同样一针见血地道出了"探索"的重要意义，因为只有在小事上孜孜不倦地探索，才能在大事上始终保持一种正确的方向，这样才不会因为忽略某些细节而最终偏离方向。

在德鲁克看来，企业管理者带领企业发展的过程，其实就是不断探索的过程，而探索的最终目的就是发现问题进而解决问题。只有做到了这一点，企业管理者才能带领企业准确地寻找到正确的方向。

同样的道理，企业在发展中的探索，也是让企业能够始终保持正确方向的最为有效的方法。

拉里·佩奇和谢尔盖·布林就是这样的两位探索者。

虽然他们在斯坦福大学读书时并不是志同道合的朋友，却因为对知识的探索而经常聚在一起。

只不过，他们每次聚在一起时都会吵得不可开交，但对于两个

勇于创新的学子来说,这并没有伤害他们之间的友谊,反而使他们在共同面临计算机学里最大的挑战——研究搜索引擎时,找到了共同的兴趣。

1996年年初,佩奇和布林开始合作研究一种名为"BackRub"的搜索引擎。两年后,技术逐步完善,由此他们开始寻找事业上的合作伙伴。

当时,佩奇找到了雅虎的创始人之一戴维·菲洛。经过分析,戴维·菲洛感觉他们的研究成果很可靠,便鼓励他们二人去创办公司,谋求发展。

佩奇和布林本来是想找菲洛作为经济上的投资者,尽管当时菲洛没有加入,但菲洛的坦诚却给他们指明了方向。

很快,佩奇和布林就从一位朋友那里租来了一个大车库,然后又雇用了一名员工克雷格·希尔弗斯坦,于是谷歌公司就这样成立了。

第二年,他们更换了一个新的办公地点,条件稍稍有所好转,但仍有些艰苦。

当时,8名员工在屋里根本无法转身,只要有人想出去一下,另7人就必须同时站起来。

但正是在这样简陋的办公条件下,他们研究出了众多高新科技项目,比如由塑胶拼图板组成的喷墨打印机等。

谷歌很快得到了市场良好的反馈,并开始为美国在线、雅虎等公司的目录索引和搜索引擎提供后台网页查询服务。为了将公司做得更好,佩奇和布林这时做出了一个重大的决定——引进人才。

在很多创业公司里,一般都由创始人担任公司的CEO,但佩奇和布林都是技术研究者出身,在企业管理方面都是门外汉,于是经过一番考察后，他们决定聘请埃里克·施密特做谷歌的管理者。

如此一来，一人抓管理，两人抓技术，公司得到快速发展。其实，佩奇和布林的这一举措来源于比尔·盖茨——在被史蒂夫·鲍尔默拒绝后的第五个年头，为了使微软有更长远的发展，盖茨再一次邀请史蒂夫·鲍尔默加入微软（这次，鲍尔默应邀加入了），而当时微软已经初具规模。在其后的数年间，微软得到了长足的发展，这是人们有目共睹的。

佩奇和布林虽然在企业管理上时常出现分歧，但在引进埃里克·施密特的问题上，他们却达成了一致的意见。

将自己刚刚扶上路的公司交给别人来掌管，这无疑是一种大胆的尝试。

对于一个成熟的企业来讲，更换公司的CEO尚且需要全面的考核，更何况是一个正在发展中的小公司。

但为了谷歌的发展，佩奇和布林还是果断地做出了这一决定。后来的实践也证明，这样的选择是对的。

埃里克·施密特加盟谷歌时，谷歌有200名员工，而两年后，谷歌的员工就达到了1000多人。可见，佩奇和布林在企业发展的过程中由于大胆尝试而寻找到了正确的方向，使企业得到了规模化的发展。

后来，这一曾经令佩奇和布林引以为豪的做法，却越来越让他们感觉到对公司的发展是一种制约——随着公司的发展与壮大，埃里克·施密特的目光渐渐有些失准，从而导致谷歌错失了很多机会。于是，他们再次对谷歌的未来发起了一场探索之旅——让埃里克·施密特不再担任谷歌的CEO，只是负责公司对外合作伙伴以及与政府合作等事项，而由佩奇出任谷歌CEO，全权负责公司的日常运营。

其主要原因是，谷歌原来一直由三人共同做出决策，但效率太低，他们希望此举能够让谷歌及时跟上市场的步伐和需求。

无论是对谷歌，还是对佩奇来说，这一决定都意味着一次更为深远的探索之旅。

那么，在外界的一片质疑声中，佩奇能够始终保持积极探索的精神吗？

从技术研究到公司管理，在不断探索中，佩奇也在悄悄完成着身份的转变，当人们怀疑他是否能够独掌大局时，他却通过对市场的准确判断，做出了一个令很多人更加意外的举动。

谷歌以125亿美元的价格收购了摩托罗拉移动公司。这一消息是佩奇在出任谷歌CEO后的四个多月时对外公布的。

佩奇之所以付出如此大的代价，是因为微软、苹果等公司的专利围剿给公司智能手机的发展带来了压力，并且直接威胁到了安卓（Android）的生存。

安卓系统已经远远超越了苹果iOS系统，成为全球最受欢迎的智能操作系统，这让其竞争对手十分恐慌。正是基于这一点，佩奇才做出了这一决定。

125亿美元买下的仅仅是一些专利，安卓系统真的已经远远超越了苹果的iOS系统吗？在众人质疑的目光下，佩奇却引领着谷歌继续向前探索着。

德鲁克曾说："在企业管理中，没有人能够永远不出差错，但作为一名企业的管理者，出现了失误并不可怕，可怕的是自己不能及时发现失误并将其纠正过来。"

可以说，发现失误所要依靠的就是不断改进、不断探索，企业管理者只有勇于尝试，才能不断地纠正自己出现的失误，从而带领企业始终沿着正确的方向前进。

创新要切实可行,最忌盲目创新

创新虽然是好事,但如果领导者盲目地进行所谓"创新",就会让企业陷入更大的危机。因为这样的管理者没有明白什么是真正的创新,更不明白创新要适应当今信息化和经济全球化的客观要求。

现实生活中随处可见这样的事例。比如,某个建筑企业盖大楼搞创新,但盖到一半由于种种原因成了烂尾楼。这不仅浪费了资源,还会使得企业资金周转不开,陷入困局。

一家企业的儿童饮料在当地卖得不错,因为价格合适,农村的消费者很喜欢。后来,公司换了一位叫李晓亮的新厂长。

李晓亮上任后,发现生产儿童饮料每年都能赚几百万元,就准备再开发一个儿童保健饮料项目。

经过两年的努力,儿童保健饮料生产出来了,推销员在推销儿童饮料的同时也卖儿童保健饮料。

但经过半年的努力,保健饮料没有卖出去多少,儿童饮料也开始滞销了。这是为什么呢?

李晓亮怎么也想不明白:自己为企业开发的创新项目,为什么不仅没有赚到钱,反而把前面卖得好的儿童饮料也变成了滞销品?

原来,消费者购买是因为这家企业生产的儿童饮料不仅便宜,而且品质也很好。但儿童保健饮料属于功能性饮料,按照有关食品法律法规,保健饮料必须经食品药品监管局证明具有免疫调节、抗疲劳、耐缺氧、促进消化等 27 种功能中的一种,才能被称为"功能饮料"。

消费者认为,儿童饮料和保健饮料分属两个不同类别的产品,极少有公司能够同时擅长这两种饮料的制作和销售。一旦购买,势必要承担极大风险。因此,儿童保健饮料迟迟没有打开销路,儿童饮料也开始滞销了。

李晓亮没经过市场调查,盲目"创新",最终导致资源浪费,进而失败。

那么,如何才能做出切实可行的创新方案呢?

德鲁克给出了一个完整的创新过程,大致可以划分为三个阶段:发现问题,确立目标;选择突破口,进行规划;创新实践。

"发现问题"是管理者创新的第一步,首先需要从不满意的地方找出现状或传统做法中存在的问题。这里所说的"问题"是指实际状态与期望状态之间的差距。与期望状态相比,实际状态表现为落后、保守或差劣,从而导致企业管理者产生不满足感。管理者这种发现问题后尝试解决问题的意识,就是管理创新的力量源泉。

在发现问题、确立创新目标的基础上,就需要选择创新的突破口。创新的突破口即突破常规、创造机遇、找到新招,这就需要发挥创造力。能够找到新点子、好的创意,就找到了创新突破口。管理者必须牢记,每个人都具备创造力,只是如何在实践中使之增强。

一些管理者有一种错觉，认为高智商就意味着高超的创造力。这并不一定正确，有些管理者就欠缺创造力。心理学家曾针对美国45岁以上的一些人进行创造力测验，结果发现只有5%的人被认定为有创造力。

接着，他们又对20岁至45岁之间的一些成人进行创造力测验，竟然也只有5%的人具有创造力。

这个结果令心理学家们万分沮丧，几乎要判定创造力是特殊人物才具有的能力。

但接下来的测验却鼓舞人心，针对17岁年龄段的创造力测验结果显示，有10%以上的人合格。

更令人惊讶的结果是，针对5岁儿童的测试证明，具有创造力的人竟然高达90%。

这表明，人的创造力是与生俱来的，只是随着年龄的增长，创新能力可能受到限制。

管理者的创造力受限于他所接受的知识系统、道德系统和价值系统。这些系统纷繁复杂，使得很多管理者的创造力被隐藏了，甚至认为自己没有创意。其实，我们要善于发现自己的创新突破口。

有了创新突破口，还要进行创新实践。经得住实践检验的创新，才是切实可行的，这要求我们要充分了解自身的优势和劣势、把握住关键问题、采取有针对性的策略，并且通过创新实践来检验其可行性。

避免沉溺于成功，要在成功的基础上不断创新

许多企业都在倡导创新，并且一直在进行积极地尝试。然而，一些企业一旦取得一定的成果，就会停滞不前。

德鲁克指出，这些企业的通病是，在追求创新的时候被过去的成功所累，也可以说是被过去的经验所累。而企业要想取得长久发展，就必须摒弃这一思想。

一个企业的成功不但需要优秀的员工、高效率的团队，更需要不墨守成规、勇于创新的企业管理者。

企业管理者要能够高瞻远瞩，很好地把握企业的发展方向，也要能够将企业人员拧成一股绳，形成一个特别有竞争力的团队。

但这只是对企业管理者最基本的要求。一个优秀杰出的企业管理者在具备了上述能力之后，还需要这些特质——不墨守成规，敢于迎接挑战；能够打破僵化的思想，拆掉思维里的"墙"。

众所周知，在企业的经营过程中，各种各样的问题总是层出不穷。如果企业管理者总是用一种固定的思维看待问题、解决问题，那么就无法找准问题的症结，无法从根本上解决这些问题，最终在决策上失误连连，引发企业的危机。

而这一切，都是墨守成规惹的祸。

因此，每一个企业管理者都要具备开拓性思维，要有创新的态度，更要有创新的意识。只有这样，才能让企业进行正常的"新陈代谢"，以此获得不错的发展。

李·艾柯卡是一位管理专家，曾在美国汽车业巨头之一的福特公司任总经理，后来又入主克莱斯勒公司，并成功地将克莱斯勒从死亡线上拉了回来。

艾柯卡当上福特公司的总经理之后，便开始进行大刀阔斧的改革。

福特公司从创立到艾柯卡入职前，都遵循传统的产销管理思维，这种已经落后的经营管理方法使得福特公司的管理机制十分僵化，根本没有任何的创造力，导致企业发展缓慢，业绩开始大幅下滑。

于是，艾柯卡顶着和老板闹翻脸的风险，坚持自己的改革——开发新产品，进军新市场。

结果，在艾柯卡的不懈努力下，福特公司的销售业绩大幅增加，而且开发出了著名的"野马"汽车——该车的年销量一度达到40多万辆，艾柯卡更是被称为"野马汽车之父"。

纵观福特公司的发展历程，艾柯卡在担任总经理期间很好地开拓了福特的品牌影响力，并且使福特公司度过了最艰难的时期。

艾柯卡在帮助福特公司走出发展困境之后，又选择去做克莱斯勒公司的总裁。

要知道，克莱斯勒公司也是美国汽车业巨头之一。在艾柯卡就任的时候，克莱斯勒公司的整体经营状况比他想象的还要糟糕。因为前任总裁的无能和管理思维的僵化，克莱斯勒公司已处在即将申请破产保护的境地。

就在艾柯卡上任的当天，该公司宣告上季度亏损1.7亿美元。

在这种情况下，艾柯卡并没有退缩，而是迎难而上。

他上任之后，首先放下总裁的架子，深入第一线进行调研，接着开始做整个管理层的思维开拓工作。

经过最初阶段的忙碌之后，艾柯卡提出了一个所有人都想不到的创新发展策略——"共同牺牲，维持发展"，即大幅度削减支出，以实现稳定。

企业培养一个员工不容易，不裁员就只能减薪。艾柯卡先从自己做起，将自己36万美元的年薪减为1美元。在艾柯卡的表率作用下，员工们也纷纷响应。

此后，艾柯卡又对公司的管理层进行了整顿——原来的管理层光是副总裁就多达35位。

此后，艾柯卡开始进行产品市场渠道的革新开拓，最终为克莱斯勒公司建立了拥有强大销售能力的市场渠道网。

5年之后，艾柯卡使克莱斯勒公司脱离了险境，再次焕发了强大的生命力。

对此，艾柯卡说："我们需要让自己不那么古板，公司有了古板的性格后，就如一个没有朋友的古板之人，最终只能是越来越孤独。只要我们能够理性地去改变自己，那么一切都会好起来。"

艾柯卡是一位优秀的企业管理者，其成功就在于他不墨守成规、勇于开拓创新。

任何一个企业都不能在管理中犯墨守成规的错误。企业管理者必须不断地探索新的技术和新的经营思路，倾尽全力将企业打造成拥有创新机制、能够灵活发展的企业，才能证明自己的能力、实现自己的价值。

但要抛却墨守成规的老思路，实施创新型的灵活管理模式，对于很多企业管理者而言都不是一件特别容易的事情。

因为当企业有很大的产值和丰厚的利润时，很多企业管理者就会沉醉其中，沾沾自喜，从此丧失了发起下一次冲击的动力。这对企业来说，无疑是一种无形的伤害，长此以往，企业发展就会停滞。

德鲁克对企业管理者提出了较高的要求，他认为管理者不仅要注重企业的创新，同时要避免沉溺于创新带来的成功，并要在成功的基础上不断创新。

只有时时追求创新，时时讲创新，在创新的基础上寻求更高层次的创新，企业才能一路向前。

创新需要智慧，知识最能启迪大脑

在《赢在中国》的比赛中，李书福的言论吸引了很多人的注意，给人一种醍醐灌顶的感觉。

李书福说："别人没做，我们更应该做。即使无力回天，也可留下一个时间上的思考。世界上任何一个能够做大、做强、做好的企业，不可能用别人的品牌。我不反对'挪威的森林'，但更好的是，我们要在自己的土地上长出雄伟粗壮的白桦林！"

也许从书本中可以学到所需的知识，但智慧没有那么容易学到，而创新是需要大智慧的。

德鲁克认为，知识在于学习，只要肯学习、肯用心，每个人都会成为非常有知识的人。但有知识并不代表有智慧，就像古代的赵括，他熟读兵书，说起军事知识来滔滔不绝，让人佩服，然而在"长平之战"中却一败涂地。

说到智慧和创新，就不能不提到马云。

马云懂得互联网，懂得中国的用人之道。观察阿里巴巴后，你不难发现，阿里巴巴的模式在美国、欧洲都找不到现成的榜样。

马云认为，在商业中模仿一些成功公司的做法却缺乏自主创新，非常不好。

创业者往往会照搬一些大公司的规章制度，当然，大公司的规章制度是比较成熟的，但毕竟是外来的东西，能否满足创业公司的需要还有待考察。

除此之外，大公司各部门的设置比较周全，处事有着一套严格的程序，但创业公司往往不具备这样的条件。如果照搬大公司的做法，那无异于搬起石头砸自己的脚，最终会被一些具有创新精神、走得较快的公司吃掉。

因而，马云认为，要创业，就要有创业的智慧。

事实上，模仿也只能是表面上比较相似而已，大多数企业都无法模仿到大公司的文化和灵魂，甚至会产生南辕北辙的效果。

因此，善于创新，要根据企业的实际情况找出适合企业的模式，即使不完美，也能随着企业的发展慢慢完善。

德鲁克认为，创业需要智慧，具有智慧的企业才能成功。而智慧不是被动地从书本中得到的，而是需要启迪的。

创业要懂经营管理，懂得制订商业计划，懂融资，懂公共关系，这些都需要智慧。

保持创业热情是必要的，但也不能头脑发热。每个人创业的意义也许各不相同，但目标是一致的。只有找到了适合创业的方向，才会有成功的那一天。

在现代商业中，能懂得利用智慧并取得巨大成功的要数苹果公司了。可以说，截至目前，苹果公司是全球大多数公司中最具创新性的一家。

苹果公司的每件产品都会给消费者带来新的惊喜，就连包装都体现出创新。而"苹果教父"乔布斯更是一位具有智慧的人物。苹果公司的名称，就有着一个非常有趣的故事。

发明苹果电脑时，乔布斯还没有大学毕业。

在那段时间，乔布斯开始思考知识和智慧的区别，他认为每天在课堂里被动接受教育，获得的只是知识，而不是智慧。

有一天，他读到这么一句话：每个人都是被上帝咬了一口的苹果。因为被这句话触动，乔布斯决定开始创业。

在哈佛大学的车库里，乔布斯发明了第一台苹果电脑。

乔布斯认为，智慧就是要创造与别人不同的东西。

事实上，苹果公司处处都体现出非凡的智慧，就连公司的口号"Think Different"（非同凡想），也是极富智慧的总结。

正是在这种理念的指导下，苹果公司开始进军智能手机市场。

iPhone手机开发并上市后，很快便占据了智能手机的半壁江山。可以说，苹果的成功离不开创新，也离不开智慧。

德鲁克认为，开发产品的智慧一般来源于客户需要。也就是说，客户的需要能够起到启迪作用。

创业者要明白能为客户做什么、提供什么样的产品、客户为什么需要这样的产品，这都是创业的核心问题，也是投资者需要思考的。

马云对此也感同身受，他曾说："我特别喜欢这两个字——启迪。我觉得现在的教学是灌输知识。……现在已经进入知识爆炸时代。我分析为什么我考不好，老师讲的东西我永远记不住。优秀的学生总是说，老师讲的他记得很清楚。我觉得是'启迪'这两个字在起作用。我认为知识是可以灌输的，但人类的智慧是被启迪、被唤醒的。"

Part 5

团队管理：优秀的企业，需要万众一心

成功靠的不是一个人，而是一个团队

德鲁克曾说："企业成功靠的是团队，而不是个人。"

德鲁克告诉我们，任何一个企业的成功，都是整个团队的功劳，而非某一个人。

斯蒂芬·罗宾斯也说，军队不可能只靠指挥官一个人冲锋陷阵。管理者也是一样的，一个人的能力再强，仅凭他自己，也无法获得成功。

不管我们多么崇尚鲁滨逊，也不管我们多么渴望电视中的超人能变成现实，事实是，我们离个人英雄主义的时代已经越来越远了。

现在讲求的是合作，只有团队才能成功，也只有团队才能成就个人。比尔·盖茨、沃伦·巴菲特、马云、李彦宏……他们的背后都有一支具有凝聚力的团队，要不是这些团队，他们也无法取得今天的成就。

一个强大的团队，一个能够让每个员工都施展其才能的团队，才会显得生机盎然，而企业也只有在拥有这样的团队后才会显得强大，在竞争中脱颖而出。

在 NBA，"小皇帝"詹姆斯是一个令人瞩目的人物。

2010年，每个喜欢 NBA 的朋友都不会忘记那个夏天。正是在那个夏天，詹姆斯和波什同时宣布加盟迈阿密热火队。至此，NBA 开启了巨头抱团的时代。

当时，很多人都猜测詹姆斯会选择哪里作为自己的下一站，纽约尼克斯队和芝加哥公牛队是所有媒体猜测的、他最有可能加盟的两个队。因为这两个地方不仅能让詹姆斯有更多的曝光度，而且"钱"途也更好，但詹姆斯却选择了降薪，和波什共同加盟了迈阿密热火队。

当时，最伤心和愤怒的当然是克里夫兰的球迷，他们一直以为詹姆斯会选择坚守在骑士队，带领这座城市获得第一个总冠军奖杯，但詹姆斯却选择了出走。

愤怒的当地球迷用焚烧詹姆斯的23号球衣来发泄自己的不满。

当然，作为一个局外人，我对于詹姆斯的选择还是能够理解的。他在这座城市待了7年，但离总冠军遥遥无期。

他被人称为"小皇帝"，"皇帝"的能力是没有人能质疑的，他是联盟的第一人，配得上一枚总冠军戒指，而詹姆斯也渴望拥有总冠军戒指，拥有属于自己的时代。骑士队的配备却无法让詹姆斯有机会戴上总冠军戒指。他一场场地拼尽全力，一场场地铩羽而归。

他厌倦了失败，内心对总冠军的渴望也越发强烈。他需要更好的队友帮他实现这个愿望。最终，他投奔了自己最好的朋友——韦德，与韦德、波什组成了震惊联盟的"三巨头"。

詹姆斯在热火队的岁月是成功的。在这里，他获得了总冠军戒指，更是成了总决赛 MVP。但他却觉得自己愧对克里夫兰的球迷，觉得他应该给这座城市带来一座总冠军奖杯。

2014年的夏天,他高声大喊:"我回家了!"他回到了克里夫兰,与欧文、勒夫组成了新的"三巨头"。

经过两年的磨合,在2016年,他们终于为这座城市获得了NBA的总冠军奖杯。

篮球是一项团队运动,没有谁能够一个人支撑起一片天,就算是乔丹,也需要皮蓬和罗德曼,才能建立起强大的公牛王朝。

若是没有这些好帮手,即便被称为"飞人",乔丹也无法获得那样的成功。

NBA最强大的球队,永远是拥有团队篮球意识的球队,若是没有良好的团队,即便是乔丹、詹姆斯,也一样无法触及总冠军戒指。

对于一个企业来讲,又何尝不是如此。

德鲁克再三强调,衡量一个企业是否有竞争力,是否能永续发展,其决定因素不是理念有多先进、资金有多雄厚、技术有多过硬,而是企业是否有团队合作精神,尤其是企业的员工是否具有合作意识。

有了强有力的团队,所有员工就能拧成一股绳,奋力往前冲。

把公司当成自己的家,像管理者一样做事

德鲁克认为,现实生活中往往有一些人只想享受工作的好处,却拒绝承担工作的责任,那么结果只能和自己的目标南辕北辙,永远也无法得到自己想要的成功。同时,现实生活中也有这样一群人,他们乐于追求工作的挑战,对工作成就感的追求重于对薪水及名誉的关注。

我们来看一则关于李开复的故事:

李开复刚进入职场的时候,在苹果公司担任技术工程师。

公司有一段时间经营状况极为不佳,员工士气也因此受到打击,如果不能马上找到解决办法,公司甚至有破产的危险。

这个问题本不属于市场部的职责范围,也并不在李开复个人的管辖范围内,但李开复却认为自己作为苹果公司的一分子,应该把公司的事当成自己的事,主动帮助公司解决问题。

他积极为公司献策,希望帮助公司渡过难关。一天,他写了一份题为《如何通过互动式多媒体再现苹果昔日辉煌》的报告。苹果公司副总裁们看过报告后,一致决定采纳李开复的意见,而且非常赞赏他,很快就将他提升为媒体部门的总监。

多年后，李开复和前上司偶遇，上司感慨地说："如果不是那份报告，公司就不可能有今天的辉煌。如今，苹果公司的数字音乐技术可以领先市场，你真是功不可没啊！"

任何一个优秀的员工，都应该像李开复一样，把公司的事情当作自己的事情，每当遇到问题，就以"当仁不让"的心态，尽快去解决。

德鲁克曾说："无论在什么地方工作，都不应只把自己当作公司的一名员工，而应该把自己当成公司的管理者。"

在他看来，管理者和员工最大的区别是：管理者会把公司的所有工作都当成自己的事情，全力以赴地做好，而员工却会把本职工作以外的事情当作管理者的事情。

德鲁克认为，那些认为"只要在8小时之内做好工作就可以了，下班之后没必要再考虑工作"的人，也许永远也不能成为优秀员工。如果一个员工想改变目前的工作与生活状况，就应当学会换位思考，以便选择更利于自己处境的做法。

阿基勃特最初是美国标准石油公司的一名小职员。

他每次出差住旅店时，总习惯在签完自己的名字时，随手写上"每桶4美元的标准石油"。

他不仅在住店签单上这样写，在其他收据上也经常这样写。久而久之，同事都不喊他的真名了，直接叫他"每桶4美元"，而他也乐于接受这个名字。

董事长知道此事之后，非常惊讶地说："公司竟然有这么一位年轻人，我一定要认识他。"于是，董事长邀请他共进晚餐。

董事长问他为什么要这样做时，阿基勃特回答得很直接："我觉得这样做对公司有利，所以就去做了。"

后来，阿基勃特果然成了该公司的第二任总裁。

虽然阿基勃特做的并不算什么大事，也不能对公司的发展起多大的作用，但这样的"向上管理"非常出色。

德鲁克在日常管理中会一直向员工强调："当你像上司一样思考时，你就成了一名上司。"

在美国著名的IBM公司，每名员工都抱着这样的工作态度——我就是公司的主人。

这与IBM创始人托马斯·沃森曾经的提议息息相关。

一日，阴雨连绵，会场里气氛沉闷。因为销售业绩不佳，托马斯·沃森冗长的发言几乎让现场的人受不了了。

托马斯·沃森看到这种情况，突然沉默了一会儿说："在座的各位最缺少的东西就是思考，用心思考才能解决问题。解决了公司的问题就等于解决了个人的问题。"

他要求在场所有人员对公司的发展提出建议。从那时开始，IBM的员工对公司的发展有了参与感，公司也很快解决了危机。

一个员工若能以管理者的心态对待公司出现的各种问题，相信他很快就能得到晋升。

在德鲁克看来，管理者的心态都一样——他们希望员工能像自己一样，把公司的事当成自己的事去做，也只有这样的员工才能促使公司发展。而对那些缺乏向心力的员工，管理者都不会看重。

如果你能以管理者的心态对待工作，把公司的事情当作自己的事业，长此以往，你就向成功迈进了一大步。

统一思想，上下一心，企业才能更强大

德鲁克认为，员工之间的团结，有助于企业形成合力，从而推动企业向前发展。而要想真正实现团结，就要让员工的想法与企业的主导理念基本吻合。

对企业来说，要想实现管理者与员工之间、员工与员工之间的精诚合作，除了重视日常的交流，还要着力培育良好的企业文化。

不可否认的是，企业文化是由企业创办者与历任管理者合力打造的，一旦形成，又能反过来影响其后加入的管理者与员工。

德鲁克认为，企业文化对员工（包括管理者）能产生一种潜移默化的、十分深刻的影响。

如今的NBA，若是论哪支球队最炙手可热，那非金州勇士莫属。

在2022年年初，没有人看好金州勇士队会夺得NBA总冠军，除了他们自己。因为在当时，篮网队拥有三巨头，太阳队一路高歌猛进，洛杉矶湖人队由"小皇帝"詹姆斯带领，他们都被认为是夺冠大热门的团队。

而金州勇士队的克莱·汤普森受伤两年，恢复后发挥如何是未

知数，格林的投篮能力逐渐退化，库里也逐渐变老，中锋位置偏弱。可以说，在各个位置上，金州勇士队和其他强队相比，都没有优势。

但就是在这样的情况下，随着克莱·汤普森复出后状态的逐渐回暖，金州勇士队每一位球员都无私地为队友做掩护，甘愿做"脏活儿累活儿"，甚至在常规赛后半阶段，球队的当家球星斯蒂芬·库里都愿意打替补，创造机会给克莱·汤普森，这样人人无私，人人奉献，思想统一，众志成城，才造就了金州勇士队空前的团结。

最终，他们在一路不被看好的情况下，一步步迈向了最高的舞台，最终举起了奥布莱恩杯，夺得了总冠军。

金州勇士队的夺冠证明，一个良好的团队远胜过一个单打独斗的明星球员。

德鲁克认为，企业管理者与员工之间要上下一心，达成共识，就要做到思想、目标、行动、规则、声音这5个方面的统一。

但实践起来是非常难的，我们能做的就是不断向统一靠拢。德鲁克曾对此举过这样一个例子：

丹尼尔决定在小学毕业典礼那天穿父亲买给他的新裤子。

经过试穿，他发现新裤子长了2英寸。吃晚饭时，丹尼尔将这件事告诉了奶奶、妈妈和姑姑，大家都表示会帮他剪短。

妈妈将儿子的新裤子剪短并重新缝上叠好，放回了原处。姑姑也将裤子剪短并重新缝上放好，奶奶也这样做了。

等丹尼尔穿上裤子后才发现——裤子短了一大截。于是，他只能沮丧地穿上旧裤子去参加毕业典礼。

  工作任务的安排固然重要，及时明确责任也十分必要，以免发生"短裤子"的悲剧。

有效沟通，让团队协作高效实现

德鲁克认为，企业管理其实就是对员工的管理。这是因为，所有的制度或决策都必须经过员工的执行，才能落实。

因此，企业管理者的决策在落实的过程中，最重要的环节其实就是人与人之间的沟通，而沟通又分为有效沟通与无效沟通。

有效的沟通可以及时传递思想、信息，增进情感交流，从而有助于双方形成一种信任的关系。总的来说，有效的沟通对于一名企业管理者而言是十分重要的。

德鲁克的管理理论对通用电气前 CEO 韦尔奇的影响很深。他任职通用电气董事长期间，就十分注重管理者与员工之间的关系，为了搞好关系，无论每天的工作有多忙，他都要抽出时间与员工交流。

韦尔奇认为，一名企业管理者必须努力深入每个员工的内心，让他们感觉到管理者的关心与重视。只有这样，才能充分调动起员工工作的积极性。

依靠这样的管理方式，韦尔奇及时地纠正了很多错误决策。

韦尔奇实施了大幅度的裁员计划，裁减了近 1/4 的员工，致使超过 10 万名员工失业，并且撤换了企业的一些中高层人员。但出人意料的是,韦尔奇的这一系列举措却丝毫没有影响企业员工之间的团结,并通过完善用人制度,有效地提高了企业与员工之间的向心力,为企业成为行业霸主打下了坚不可摧的基础。

德鲁克认为,企业的业绩直接反映了管理者的水平。韦尔奇用事实验证了德鲁克的理论——在韦尔奇的带领下,通用电气以当时全球第二的市值水平,达到了全球第一的净利润。

而在实践德鲁克管理理论的同时,韦尔奇也有自己独到的见解。

他认为,在一个企业里,一定会有20%左右的员工较为积极向上,而70%的员工是处于中间状态的,另有10%的员工态度懒散。

在韦尔奇看来,这是一条动态曲线,即其中每个部分的员工人数都在不断地变着。

作为一个企业的管理者,他所要做的,是将这10%态度较差的人转变为中间状态,而让那20%态度好的员工得到奖励。这就是所谓的"活力曲线",也是团结的力量。

韦尔奇用他一生的实践很好地诠释了"团结就是力量"的含义,而在全球大多数优秀的企业中,这样的例子可以说比比皆是。

"现代管理学之父"德鲁克虽然在他的著作《卓有成效的管理者》中反复强调,要想成为一名卓有成效的管理者,就必须注重企业员工之间的团结,但他并没有为管理者提出具体的方法。

这是因为,他认为每个人的思维方式都有所不同,为了实现企业内部的团结所采取的方式,并不固定。

团队合作无间，企业就有空前的凝聚力

德鲁克说："现代企业不仅仅是拥有管理者和下属的企业，而应该是一个团队。"

松下幸之助也说："管理企业就是管理人。"

由此可以看出，任何企业要想有竞争力，最关键的因素就是——人。身为管理者，如果只想着自己的成功，就会陷入孤军奋战，只有调动企业中每个人的能力，才能使企业立于不败之地。

在移动互联网时代，企业获得用户的成本将大大增加。金山网络（现为猎豹移动公司）CEO 傅盛认为，在移动互联网时代，产品的成功往往取决于其投资人或者母公司，简而言之，移动互联网进入了一个"拼爹的时代"。但马化腾却不这样认为，他认为企业拼的是团队。

马化腾特别看重团队精神，认为只要有一个优秀的团队，就能打造出颇具竞争力的产品，在移动互联网时代更是如此。微信之所以能够取得成功，就是因为有一个出色的团队。

微信的成功，起决定作用的是微信团队，而微信团队有个核心人物——张小龙。

张小龙对移动互联网有独特的理解，深刻地洞悉了人性。

在他的带领下，微信团队把"追求技术与自然的本质"当作团队的内部信念。在这种信念的支持下，微信团队在短时间内快速迭代，促使微信不断完善。

对此，我们不难看出，新时代需要的是团队精神，而不是单打独斗。

马化腾一直致力于打造优秀的创业团队，不管腾讯的发展有多出色，这种信念从来没有动摇过。

团队的力量远大于一个优秀人才的力量。靠个人的单打独斗已经无法赢得市场的决胜权，只有依靠团队的力量才能提升企业的整体竞争力。

微软开发Windows 2000系统时，曾有300多名研发工程师和测试人员参与，写出了50多万行代码。

若没有高度统一的团队精神，没有参与者之间密切的合作，这项工程根本不可能完成。

微软公司的很多员工都成了百万富翁，但他们中许多人仍然继续留在微软工作。

是什么神奇的吸引力，使这帮百万富翁在获得经济独立后仍然如此卖命地工作呢？

答案只有一个，那就是超越了自我的团队精神。这种团队精神已在微软公司落地生根。

团队的根本功能或作用在于提高组织整体的表现。发扬团队精神的目的在于提高团队的工作业绩，使团队的工作业绩超过成员个人的业绩。

合作才能发展，合作才能胜利，这是今天很多企业的共识。合作产生的力量不是简单的加法。

没有团队精神的企业是缺乏竞争力的。即便资金暂时紧缺、技术含量暂时过低，但只要大家心往一处想，劲往一处使，就可以靠集体的力量克服困难，这样的企业会显示出无穷的发展动力。

激发员工使命感,创建攻无不克的团队

在企业管理中,使命感是一个卓越的团队所不可或缺的。

在德鲁克看来,树立员工的使命感远比培养几名人才更为重要。因为使命感可以让一个人变得成熟、强大,由此,可以充分调动企业员工对待工作的高度责任感,还可以激励员工站在企业的高度,从企业的整体利益出发去思考问题。

德鲁克认为,有些优秀的企业管理者在创办企业之初,或许并没有意识到自己会有多大的理想和抱负,可能只受利益的驱动,一心想解决生活上的困难,或是出于自己的兴趣爱好而想要创业。

这些动机下产生的力量大部分是不可持续的,只有将其转化为使命感,公司管理者才有源源不断的动力。

白领精英、美女主播……这些称谓可能都无法准确地概括凤凰卫视节目主持人曾子墨的职场角色。

曾子墨曾在与哈佛、耶鲁齐名的美国"常春藤"盟校之一的达特茅斯学院经济系度过了4年的留学生活。此后,她加入了著名的投资银行——摩根士丹利银行。

出色的工作成果为她带来了丰厚的回报,但繁忙的工作和生活却让她身心俱疲，她曾经说："如何挣扎着让自己保持清醒，我们各有各的绝招。有人用随身携带的铅笔尖在手臂上自我折磨，还有的男生把手放在裤袋里，不停地去扯腿上的汗毛。"

抱着"改变世界须得改变认知"的信念，她在2001年年底加入凤凰卫视，担任财经节目主持人。

她主持的《财经点对点》《财经今日谈》都很受观众欢迎。

没有"疯狂"的努力，怎会有卓越的成绩？

你对工作有多高的期望，就得付出多大的努力。要享受工作的益处，同时也要承担工作的使命。

不管你从事的工作多么普通，只要选择了这份工作，你就应该尽全力去完成。

贾斯是一名出租汽车司机，却不是一个普通的出租汽车司机。

一日午后，一位顾客从一家餐厅出来，正好坐上贾斯的出租车。上车后，他告诉司机去火车站，却又补充说在火车站前停下即可。

他刚说完，贾斯对他笑道："你是不是要去外贸协会啊？"

顾客非常吃惊，问贾斯是如何知道的。

贾斯说："第一，我看到你在餐厅外面和朋友很随意地道别，这证明你们经常见面，你在本地工作；第二，你没有任何的行李；最重要的是，你手里拿的是一本普通的英文杂志。"

贾斯侃侃而谈，非常自信。

凡是坐过贾斯出租车的人都对他印象深刻，不仅因为他公平厚道，从不欺客，更重要的是他对顾客心理的细致了解。

即使他只是一名普通的出租车司机，也明白自己的使命，这份使命感使他比其他出租车司机更受欢迎。

职场上，"优秀"已经不再具备很强的竞争力，只有"持续优秀"才能让我们所向无敌。

德鲁克认为，一名企业管理者要想建立起一支攻无不克的团队，就必须充分激发团队中每一名成员的使命感，如此才能增强企业的核心力和凝聚力。

在日本的很多大企业里，至今仍然采取终身雇佣的用人制度，其目的就是为员工提供工作和生活等方面的保障，使员工没有"后顾之忧"，这样，员工身上的使命感才能被最大限度地激发，无私地为企业服务。这是企业得以向目标推进的原动力。

员工有发展空间，才会为企业全力以赴

德鲁克认为，在当今的企业中，有某方面专长的员工越来越多，而这些员工，相较于物质福利，更追求精神上的满足。

对于这一类员工，管理者应该给予更多的关怀和理解，尽可能了解他们的需求，激励他们的斗志，这样他们才会更好地为公司服务。

调查显示，现如今的企业招聘中，大多数应聘者更加看重企业带给他们的发展空间。很多员工离职也并非因为工资太低，而是在公司看不到未来，看不到自己提升的空间。

可以说，员工是一个企业最大的财富，是一个企业核心竞争力的关键。如果员工在企业看不到提升的空间，看不到自己的未来，那企业又如何能够留住他们呢？

因此，开拓员工的发展空间，更注重员工精神方面的需求，是每一个现代企业必须关注的重点。

一天晚上，索尼公司董事长盛田昭夫又按惯例走进职工食堂，与员工共进晚餐。

这时，他发现一位年轻职员闷闷不乐，似有心事。

于是，他有意识地过去同这位职员碰杯聊天。

这位职员说上司非常小心眼，总是想方设法限制他与公司高层沟通。

盛田昭夫先生当即感觉这不是件小事，于是，他决定就此事进行改革。

从此，索尼全面执行人尽其才的计划，定期发布内部招聘公告，允许职员自由且秘密地应聘职务，实行"能者上、庸者下"的用人制度。

这些措施大大提升了新人的干劲儿，让他们有了很大的发展空间。

对于员工来说，发展空间可以满足他们自我实现的需要。

社会心理学家马斯洛认为，每个人都有5种层次的需要，由低到高依次是：生理上的需要、安全上的需要、社交的需要、尊重的需要、自我实现的需要。

对于员工来说，他们有自我实现的需要，即最大限度地发挥个人的能力，实现他们的理想、抱负与价值。

尤其在人才竞争异常激烈的今天，更多的员工意识到，个人不发展，能力不提高，可能很快就会失业，甚至被社会淘汰。

这就要求企业给他们提供广阔的发展空间。只有有发展空间，他们工作起来才有目标和动力，才能尽最大努力施展自己的才能，不断提高个人的能力，从而实现自己的人生价值。

对于企业来说，给员工提供广阔的发展空间，可以调动员工工作的积极性和热情，促使员工不断地学习，提升他们的工作技能和水平，提高工作效率和服务水平，进而促使员工为企业创造更多的财富。

Part 6

人才管理：

二十一世纪缺的不是人才，是发现人才的眼睛

人才,是企业最重要的资产

德鲁克说,不管企业经济学的理论有多么完善,分析有多么到位,工具有多么实用,但企业的管理,人的因素更为关键。

其实,管理就是一门与人打交道的学问,怎样才能让人把能动性发挥出来?怎样才能让人变得高效?这都是管理者要思考的问题。

人才是企业发展的根本,是企业发展的推动力量。所以,对于企业来说,最重要的事情莫过于留住人才。现在很多企业都已制定了相应的留住人才的措施,努力提高他们对工作的积极性。

1988年,可以说是国内企业"野蛮生长"的一年。

改革开放的春风把许多人送进创业的大队伍中,一些有卓越才干的企业家迅速崛起,优秀企业也如雨后春笋般出现,其中不乏房地产企业。

对于当时的房地产企业来说,最重要的事情莫过于融资和获取土地。有了土地才能盖房子,要盖房子就得有资金。

当时的很多房地产管理者认为,房地产事业要发展,土地与资金是最珍贵的,人才居次要地位。然而王石却并不这样认为,他提出"人才是万科的资本,是万科的核心竞争力"的人才观。

在发展的过程中，万科始终尊重每一位员工，积极为他们开展素质培训与技能培训，出台了一系列激励人才的措施。

万科倡导"每个员工都应该拥有健康丰盛的人生"，始终把人本管理放在最重要的位置。作为领头人，王石始终相信，拥有高素质的人才，才能有高速发展的万科。正是因为具备这样的人才管理理念，万科才留住了更多的人才。

20世纪80年代末发生的一件事令王石至今记忆犹新。

当时，万科在深圳的经营也算小有名气，一位朋友慕名而来，想问万科的待遇，几番欲言又止。

王石见状，坦诚以告。

没想到，对方说："得了吧，你不告诉我就算了，说这样的数字糊弄我。"

实际上，万科的待遇确实一直不高。

万科能够留住人才，除了营造很好的工作环境，还有两招：第一，为优秀人才开辟多种晋升渠道；第二，使人感到被激励、被认同和被关怀。

万科的一位高级管理人员说："万科的价值观念是，为员工提供一份最适合他的工作。"

一位老员工谈道："钱不是最重要的，关键是这里人人平等。我们甚至可以和董事长开玩笑。"

其实，某些时候，薪水不一定是吸引人才最有效的手段。

德鲁克认为，左右企业的不是企业家本人，而是企业是否拥有足够的人才。只有具有雄厚的人才储备，企业才会有生命力。只要人才不流失，面临再大的困难，企业也能挺过去。

用人之长，让每一位员工发挥出优势

在《卓有成效的管理者》一书中，德鲁克提出了"卓有成效的管理者"的概念，从此，"卓有成效"成为每一位管理者的梦想。

德鲁克指出，要实现卓有成效，管理者必须在5个方面有意识地养成习惯，其一就是"卓有成效的管理者善于利用长处，不仅善于利用他们自己的长处，而且知道如何利用上司、同事及下属的长处"。

在管理学中，有一条著名的定理——"没有平庸的人，只有平庸的管理"，能够把每一个员工放在合适的岗位上，让他们发挥自身最大的潜能，实现人力资源的有效利用，是管理者的领导水平和驾驭能力的高度体现。

唐太宗曾让大臣封德彝举荐一些可用之才，但过了很久都没有等到封德彝的消息。

唐太宗问为何这么久都没有举荐人才，封德彝说因为找不到人才。

听闻此言，唐太宗说了一段很有名的话："君子用人如器，各取所长。古之致治者，岂借才于异代乎？正患己不能知，安可诬一世之人！"

这段话的意思是，君子用人当如器，应该懂得取人之长。

正是因为唐太宗深知"人尽其才"这一用人之道，才造就了"贞观之治"这样的太平盛世。

同样，在现代社会，"人尽其才，物尽其用"是企业管理的一种较高境界。在企业中，如果一个管理者能够选择适合自己企业发展的人才，并让他们各尽其才，发挥最大的能动作用，企业就能得到长足的发展。

古人云："非得贤难，用之难；非用之难，任之难。"意思就是说，人才不论大才、小才、内才、外才，只要能扬长避短，就能发挥其最大作用。

经常去寺庙的人一定知道，当我们走进庙门的时候，首先看到的是笑脸相迎的弥勒佛，在他的背后，则是黑脸的韦陀。但是相传在很久以前，弥勒佛和韦陀并不在同一座寺庙，他们分管不同的庙宇。

由于弥勒佛对谁都是笑脸相迎，前来上香请愿的人非常多，但是他做事情大大咧咧，不拘小节，总是不能很好地管理账目，因此自己的寺庙经常入不敷出。韦陀虽然账务管理得很明白，但是他成天阴沉着脸，让人感觉难以接近，所以到他庙里上香的人很少，以至于香火断绝。

后来佛祖发现了这个问题，就把他们安排在同一座庙宇中，由弥勒佛在前面迎客，韦陀在后面管理账务，两个人分工明确，各尽其责，因此整个庙宇香火旺盛，欣欣向荣。

这个故事说明了把最合适的人放在最合适的岗位上的重要性。法国著名企业家皮尔·卡丹曾经说："用人上一加一不等于二，搞不好等于零。"如果在用人中组合不当，就会失去整体优势；安排得宜，才成最佳配置。在这方面，李嘉诚以其洞明世事的眼光，使老员工得以保留，新员工得以补充，化解了"人才困境"这个难题，将企业的发展推向一个新的高度。

汉高祖刘邦在分析自己为什么能得天下，而项羽为什么会失天下时说："运筹帷幄之中，决胜千里之外，我不如张良；治理国家，安抚百姓，调集军粮，使运输军粮的道路畅通无阻，我不如萧何；联络百万大军，战必胜，攻必取，我不如韩信。此三人皆人杰也，我能用之，这就是我能得天下的原因。"

刘邦之所以会成功，在于用人。

试想，把一个员工放置在不能发挥其长处的职位上，他的工作怎么会有效率可言呢？这样的管理怎么能变得卓有成效？

《德鲁克日志》中说："卓有成效的管理者懂得利用员工的长处创造生产力，他根据员工所能处理的事情来安排岗位和晋升，不是去缩小他们的缺点，而是使他们的优势最大化。"

因此，德鲁克倡导在管理中建立这样一种组织方式："若某人在某一重要领域具有一技之长，就要让他充分发挥这一特长。"

只有这样，管理者才能发现人才，敢用人才，而且留得住人才，进而让管理也变得卓有成效起来。

留得住人才，企业方可持续发展

在社会发展多元化的今天，人才流失愈发明显。

特别是对中小企业而言，优秀人才的频繁离职会给企业带来不可避免的经济损失，企业生产经营核心技术的外泄也会使企业运转陷入困境。除此之外，离职人员的"示范"行为还会造成其他员工的心理动荡，大大削弱企业的向心力和凝聚力。

古人云，"欲造物，先造人。"企业更是离不开人。

德鲁克认为，对企业管理而言，最重要的人力资源工作就是留住企业的优秀人才。

吸引和留住自己的员工，防止人才流失，企业要做的不仅仅是个案管理，而要将问题提升到组织战略的高度，充分认识到人才流失会给企业经营带来的巨大风险。要建立一整套针对人才流失的危机管理机制，从而避免给企业带来巨大损失。

2005年8月，"热恋"了7年的雅虎和阿里巴巴终于决定在11日这一天"联姻"。

阿里巴巴在成功接收了雅虎（中国）全部资产的同时，还得到了对方10亿美元的现金投资。

当马云带着并购成功的巨大喜悦走进位于北京的雅虎（中国）时，此起彼伏的电话声却给了他当头一棒。

所有的猎头公司像商量好了一样，都将目光聚焦在雅虎（中国）上。那一段时间，几乎每一名雅虎（中国）的员工都接到了猎头公司的电话，有的员工甚至一天之内接到好几个。

猎头公司频繁出没，一时之间让军心不稳的雅虎（中国）人心惶惶。

面对这个艰难的挑战，马云不断找来雅虎（中国）的管理层进行谈话，还跟公司的普通员工进行及时有效的沟通，向他们描述了新雅虎的未来。

与此同时，马云还火速调来了远在杭州的阿里巴巴人力资源副总裁邓康明，与之共同制定出人员调整政策：雅虎（中国）的每一位员工都有一个月的思考时间，自主决定去留。

对选择离开的员工，公司会给予丰厚的补偿，并提供"N（在职年限）+1"个月的离职补偿金。而留下的员工，原来的待遇和职位保持不变，还将得到一定的阿里巴巴期权。

一个月过后，雅虎（中国）的700多位员工只有30人选择了离开，高级管理层全部留下，整个公司的离职率仅为4%。

而纵观全球，企业之间发生并购时，人才流失率通常在20%左右。

在阿里巴巴和雅虎完成合并之后的人才保卫战中，马云再一次用智慧赢得了胜利。

在一个企业中，只有和员工荣辱与共的领导者才能得到员工的拥护和爱戴，带领企业走得更远。

领导者往往扮演着激发员工潜力、协助员工释放能量的角色，要想成功完成这个任务，就必须把"以人为本"贯彻到底。

这不是空话，而是切切实实的忠告。把你工作的焦点放在员工身上，设身处地地为他们着想，了解他们的期望，你才能获得对方的支持。

"钢铁大王"安德鲁·卡耐基说："带走我的员工，把我的工厂留下，不久后工厂就会长满杂草；拿走我的工厂，把我的员工留下，不久后我们就会有一个更好的局面。"可见，人才对于一家企业而言十分重要。

德鲁克说，在任何组织内，最稀有的资源当然是一流的人才。现代社会的竞争也就是人才的竞争，谁能吸引并留住人才，谁就是"战场"上的胜利者，就能笑到最后。

上文我们说到了克莱斯勒的艾柯卡，他在1984年带领着克莱斯勒公司赢利24亿美元，打破了公司历年纪录的总和。离开福特仅仅6年，他又登上了商界巅峰。

艾柯卡非常重视人才，他说："一切企业经营归根结底就是三个词：人才、产品和利润，没有了人才，后两者都无法实现。我在设法寻求那些有劲头的人，不需要太多，有25个，我就足以管好美国政府，而在克莱斯勒我大约有12个这样的人。"

正是凭借这些人才，艾柯卡才能带领克莱斯勒汽车公司重新崛起。

那么，是什么让艾柯卡吸引并留住这样的一流人才呢？

首先，他知人善任。他说："使用听众自己的语言同他们讲话是重要的，这件事如果做得好，他们就会说'上帝，他说的就是我想的'。他们一旦开始尊重你，就会跟你到底。他们跟随你的原因不是你有什么神秘的方法，而是你在跟随他们的想法。"

其次，他让每一个下属都有机会表达自己的想法，并且习惯在与下属交谈后，让对方将所说的意见写成文字，使这些想法具体化，以弥补口头交谈的缺陷。

最后，艾柯卡采用不同的形式来表扬或批评一个人，在表扬的时候，他会采用书面形式，因为书面形式能长久保存。但当他批评一个人的时候，他就采用电话的形式，因为这样不至于让下属太难堪。

正是重视人才，艾柯卡从福特离职到克莱斯勒汽车公司任总经理时，手下的很多人放弃了福特的优厚待遇，谢绝了福特的一再挽留，而甘愿和艾柯卡一起冒风险，可见艾柯卡的用人艺术产生了多大的魔力。

人才是第一生产力，能不能吸引并留住最优秀的人才，已经成为企业发展的关键因素。

不拘一格降人才，让每个员工都成为"将军"

当前很多企业都十分注重人才的引进，不惜花费重金，这也造就了高端经理人的抢手。

李嘉诚十分重视在企业管理中注入中国传统儒家思想，同时也积极吸收西方先进的管理手段。他曾说："我看过很多富有哲理的书，儒家有一部分思想可以用，但不是全部。我认为要像西方那样，有制度，比较进取，用两种方式来做，而不是全盘西化或者全盘儒家化。儒家有它的好处，也有它的短处，儒家在进取方面是不够的。"

正是有这样的思想见解，李嘉诚才能在引进人才方面做到不拘一格。他的人才观非常开放，只要是人才，他都会重用，不仅大胆起用年轻人，甚至连外国人也不"放过"。

从20世纪80年代初期进军海外市场，到80年代中期，短短几年，李嘉诚已经控股了数家英资企业，这让李嘉诚旗下企业中的外国人骤然增多。该如何管理他们呢？李嘉诚采取的方法是"以夷制夷"，也就是任命外国人担任主管，来管理企业中其他的外国人。身份相似，不仅有利于管理者熟悉业务，也有利于他们和被管理者进行有效的沟通。

长实集团旗下的公司分布在全球50多个国家和地区，一共有20多万名员工，其中就有众多的外国人。在李嘉诚的公司里，实行的是职业经理人制度，这些职业经理人，特别是外国职业经理人，把西方先进的管理经验带进公司，帮助李嘉诚带领公司朝更加稳固强大的方向发展。

有一段时间，外界曾质疑李嘉诚雇用外国员工是否有炫耀之意。对于这样的质疑，李嘉诚回应说："我并没有想通过雇用外国人来表现华人的经济实力和华人社会地位的提高，我只是想，集团的利益和工作确确实实需要他们。"

长实董事局副主席麦里思是英国人，毕业于著名的剑桥大学经济系，他是一位优秀的经济管理专家，曾任新加坡虎豹公司总裁。后来因为业务，他结识李嘉诚，并最终接受李嘉诚的邀请，加盟长实，负责长实与香港洋行及境外财团的业务往来。

在李嘉诚的外国员工阵容里，英国人马世明颇值得一提。他原本效力于怡和财团，这家公司是李嘉诚的竞争对手，后来他又辞职创业，开办了一家工程公司，与李嘉诚有着直接的业务冲突。但是李嘉诚并没有计较这些，相反，因为欣赏马世明的学识与才干，想方设法想将其网罗到自己的旗下。为了达到目的，李嘉诚在1984年收购了马世明的公司，随后将其提升为和记黄埔的总经理，负责和记黄埔属下的货柜码头、电信及零售贸易等业务。不久，李嘉诚又任命马世明为嘉宏国际和港灯董事局主席，对于李嘉诚的知遇之恩和信任，马世明自然十分感激，他勤恳工作，为和黄创下许多丰功伟绩。

马世明一上任，就开始为和黄赚大钱，帮助李嘉诚成功收购了港灯集团。这件事情之后,更加让李嘉诚坚定地认为,自己没有看错人,而马世明也没有辜负李嘉诚的期望,在公司兢兢业业地工作。马世明不但工作能力强,人品也是一流,凡是和他打过交道的人,无不对他交口称赞。

事实证明,李嘉诚的"以夷制夷"策略,大获成功,硕果累累。

很多企业家虽然能干,但心胸不够开阔,不能包容人才,为他们的企业发展带来了很大的阻碍。

张春是一家IT公司的老板,年轻有为,在短短几年内就将公司发展得很不错。为了让公司拥有更好的前景,张春招聘了一批高管,这批高管确实很能干,在他们的带动下,公司的业绩屡屡提升。

但张春此时却有点儿担忧,他怕这些高管在熟悉了业务之后会带走自己的客户资源,对一位名叫麦克的美国人尤其不放心。麦克曾经在外企工作过,能力很强,而且麦克多次表示,自己将来也是要创业的。

张春担心麦克会卷走自己的客户,每当麦克提出新的建议或者新的发展方案时,张春总是想办法打压,希望能够压制麦克的发展势头,不让他在公司的势力过大。没过几个月,麦克就觉察出张春对自己的不满和猜忌,主动辞职了。

本来麦克走了,张春可以松一口气了,但是他发现随着麦克的辞职,公司流失了一大批刚拓展的新客户。原来这批客户是麦克拓展的海外客户,还没有发展成熟,麦克就辞职了,自然也就无人去接洽，这批客户便没能继续与公司合作。

张春的包容心不够，不仅损失了巨大的利益，还伤害了公司员工的心，员工们会觉得领导不够信任自己，在公司待着没有意思。

作为企业领导，首先就要怀有一颗包容开放的心，能够接纳不同的员工，尤其是能力超群的员工。要将这些员工的心拉到自己这里来，让他们一心一意为公司出力，而不是用猜忌和防范使这些员工寒心。

德鲁克曾经说过："一个企业的发展，既取决于这个企业所拥有人才的数量和质量，同时更取决于企业对人才的使用效率。"这句话，无疑给那些不注重在企业内为自己培养人才的管理者敲响了警钟。

信任你看中的人才,授权让他放手干

德鲁克认为,当企业有了十分得力的干将后,给予信任就能将他们的作用发挥到极致。将适合的机会、岗位、职责留给最有能力的人,这是管理者"卓越"的表现。

在现代企业管理中,常常出现这样的情况:部门经理授权部下做一个方案,但部下刚做到一半,经理就打电话来追问案子的进展,所有细节都要过问,并提出各种建议和要求。

这是企业管理中最不得人心的行为,不仅大大降低了员工做事的积极性,而且恶化了经理和部下的关系,导致很多员工消极怠工,甚至一走了之。其实,聪明的管理者往往会退一步,效法道家无为而治的管理哲学。

贝尔实验室是发明了世界上第一部电话机、设计出第一颗通信卫星的研究机构。该实验室负责人是美籍华人陈煜耀博士。

有人曾经问他如何管理实验室中头脑聪明、个性独立的下属,陈煜耀指着他办公室墙上挂着的一张条幅说:"凭这个。"

这张条幅上面写着四个字——"无为而治"。

陈博士解释道:"最好的管理者是能帮助人。管理者的责任是既要做到你在管理，又要做到别人并没有意识到你在管理。"

惠普（中国）原副总裁吴建中说："对员工一定要相信、尊重，创造好的条件去帮助他们成功。经理的责任是帮助员工成功，如果经理用权力欺压员工，就不是经理而是工头。经理不能让自己手下的员工不断失败，不能经常炒员工的鱿鱼，否则，这家公司就不是一家好公司。"

授权以后的充分信任等于给了下属一个平台、一种机会、一个广阔的施展抱负的空间。

授权以后的充分信任对于管理者自身也有莫大的好处：把事情简单化，有充裕的时间去思考重大决策。

既然下属完全能够处理好，又何乐而不为呢？

越是有才华的员工，越期望受到管理者的重视，被企业所重用。授权是管理者对优秀员工最大的认可。

但人的等待是有限度的，如果员工一直得不到管理者对自己能力的认可，得不到管理者的一些实质性表示，他们就不会再寄予希望。

因此，管理者若是欣赏员工的才华，想要授权给员工，应当把握好良机。

李晓是一家百货公司的总经理，这家百货公司销售部的经理已经离职，所以暂由李晓兼任。

李晓发现，销售部中有一个员工表现非常突出，每个月的销售业绩都远远超出了其他员工，并且在关键时刻总能提出好意见，组织其他员工一起做好各项销售活动。

李晓想要提拔这位员工，又总有些不放心，于是一直搁置这件事。

结果，3个月后，这位员工辞职去了另一家百货公司。

李晓后悔莫及，自己不仅错失了给员工授权的良机，还因此失去了一个难得的人才。

关键的时机与授权本身同样重要。管理者如果对被授权的员工的能力还有所怀疑，担心授权之后，该员工不能够胜任，那么可以在授权之后加大考察力度，及时监督、审查被授权者的工作。

若是一直默默地考察员工，没有向员工传递自己欣赏他/她的才能的信息，员工很可能会觉得你不重视他/她，从而选择离开。

用人之所长，就要容人之所短

德鲁克说："有效的管理者在用人之所长的同时，必须容人之所短。"

公司新进员工通常都是满腔热血、干劲十足的人，即便不太了解状况，也会提出各种各样的意见。

作为管理者，即使知道他好心提出的意见是错误的，当时也最好不要直接指出来，可以以后再寻找机会婉转地让他明白真相。如果新员工的积极性受到挫伤，以后他就再也不敢提意见了。没有了创新的胆量，就丧失其新鲜血液的作用了。

德鲁克指出，优秀的管理者是不会扼杀新员工积极性的，因为那是企业赖以发展的原动力。

员工犯错之后，不能一味地指责和谩骂，而应该给予教育和鼓励。因为鼓励才能产生动力，鼓励才能让他有改正的决心。所以，身为管理者，一定要懂得宽容地对待新员工。

俗话说："水至清则无鱼，人至察则无徒。"

从道德上讲，为人必须清、正、廉、洁。但过分要求，就变得刻板，不能对人持宽容厚道之心，也就不能容人，不能用人，不能得人之心。这是企业管理者培养忠诚下属不可忽视的重要细节。

看人要深，处人要浅；看人要清楚，处人要糊涂。这就要求管理者要把握住大的原则，不纠缠于小节，对小缺点要宽容，对个人性格的独特方面要给予理解。

特别是那些有独特才能的人，其性格特点往往也比较明显，要用这样的人，宽容、理解就非常必要。

无宽容之心、理解之情，自然无法赢得人们的追随，也就无法让他们充分发挥作用。

为什么有些领导在看待自己下属的时候，经常横挑鼻子竖挑眼呢？其中的原因很复杂，但就其思想方法而言，主要在于不能辩证地看待人的优点和缺点、长处和短处。

人非圣贤，孰能无过？员工犯错误一般都不是故意为之，导致错误的因素多种多样，除了个人能力等内在因素外，还有很多不可控的外在因素。

另外，犯错误也未必就是一件坏事，错误往往能够帮助员工看清自身的缺点，体会到自己的不足，从错误中逐渐成长起来。

有时候，一个员工会犯错误，恰恰意味着他不是一个呆板的人，他敢于接受新事物，敢于挑战未知，这是创新的基本素质。这种员工的领导者，就应该给予他们更多的支持，鼓励他们从错误的阴影中走出来。

工作中，管理者要面对的关系总是错综复杂的，内部有和员工之间的沟通，外部有和竞争对手及客户之间的博弈。

每个人的性格都不相同，文化和习惯也相异，因此，不可能让每个人的行事风格都符合你的心意。身为领导者，要懂得包容，不能因为不符合你的习惯和要求就把一个优秀的员工辞退。如果真的那样做，企业也将不会长久。

所以，作为企业的管理者，一定要有容人之量，唯有这样，才能和各种性格迥异的人相处、共事，才能吸引更多的人才，让企业不断壮大。而李嘉诚就是这样一位有容人之量、懂得宽容的领导。

有一次，李嘉诚让一位经理去和外商谈判，但在谈判的过程中，那位外商显得十分傲慢。

年轻的经理最后忍无可忍，向那位外商发了火，结果可想而知。

李嘉诚知道这件事情后，叫人把年轻经理找来。

此时，年轻的经理心想："这次把生意谈砸了，还和客户大吵起来，肯定要被李嘉诚痛骂。"

年轻的经理走进办公室后，李嘉诚没有说一句责备的话，而是讲了很多谈判技巧。然后，让这位年轻人重新和外商联系。

李嘉诚告诉他："你已经和客户打过交道，对具体的事务也比较了解，没有人比你更适合承担这份工作。"

果然，年轻经理吸取上次的教训，没有让李嘉诚失望，成功地与外商签订了协议。

很多管理者看到自己的员工，总是觉得哪里都不对，横挑鼻子竖挑眼。这是为什么呢？

也许其中的原因很复杂，但很重要的一点就是，领导者没有包容之心，不能看到员工的长处，却总是放大员工的短处。

李嘉诚很懂得用人之长、容人之短。他没有因为年轻的经理脾气火爆，对外商发了火，回来就直接指责和谩骂这位经理，而是传授他谈判的技巧，让年轻的经理掌握技巧后继续去和外商谈判。这样既让年轻的经理对李嘉诚的包容有了感激之情，又增长了谈判技能，培养了年轻骨干，何乐而不为呢？

美国内战期间，林肯总统任命格兰特将军为总司令之后，有一次，一位禁酒委员会的成员拜访林肯，要求他将格兰特将军免职。

林肯吃了一惊，问："原因何在？"

"哦，"该委员会成员说，"因为他喝威士忌喝得太多了。"

"那好吧，"林肯说，"你们谁来告诉我，格兰特喝的威士忌是哪个牌子的？我想给我的其他将军每人送去一桶。"

酗酒可能误大事，身为总统的林肯定知道，但是他更清楚，在诸将领中，只有格兰特能够运筹帷幄、决胜千里，他说："我不能没有这个人，他能征善战。"

后来的事实证明，格兰特将军的受命正是南北战争的转折点，北方军队大获全胜。

曾担任过马歇尔将军顾问的德鲁克回忆道："第二次世界大战期间，经马歇尔将军提拔而后来升为将官的人选，在当时几乎都是没有名气的年轻军官，欧洲盟军统帅艾森豪威尔将军也是其中之一。马歇尔将军用人得当，为美国培养了一大批有史以来最能干的将领，这真是美国军事教育史上最辉煌的一页。"

如果马歇尔将军在提拔将领的时候只关注年轻军官们的缺点，或者在关注他们优点的同时，又不能容忍他们的缺点，那么，那些年轻军官或许永远也没有为国家建功立业的机会，因为谁都会有缺点。

唐代大文学家韩愈说，古代的贤能之人，要求自己严格而全面，对待别人则宽容而简约。对己严格而全面，所以才不懈怠懒散；对别人宽容而简约，所以对别人乐于为善，乐于进取……现在的许多人却不这样，总是说某人虽有某方面的能力，但为人不足称道；某人虽长于什么事，但也没有什么价值。

抓住人家的一个缺点，就不管他有几个优点；追究他的过去，不考虑他的现在；提心吊胆，生怕别人得了好名声，这岂不是对人太苛刻了吗？

对待别人苛刻，最终会落得个孤家寡人、众叛亲离的下场。不仅不能用好手中的人才，也没有人愿意与之共事，为其效力。

春秋五霸之一的齐桓公说，金属过于刚硬就容易脆折，皮革过于刚硬就容易断裂。为人主过于刚硬则会导致国家灭亡，为人臣过于刚硬则会没有朋友。过于强硬就不容易和谐，不和谐就不能用人，人亦不为其所用。

综观历史上那些深得人心的管理者，都是深抱宽容之心。处事用人，该糊涂时糊涂，该清醒时清醒。

管理者要想赢得下属的追随和效忠，就应当有容人之量，不以"完美"要求下属。这样不仅有助于相互间取长补短，更能有效发挥出下属的优点。

害怕员工的成就高过你，只会使你越来越"低级"

德鲁克认为，一个优秀的管理者，要善于招募和使用比自己能力强的人。管理者并不是要和下属比能耐，他需要做好的是管理，是善于用人，是让比自己强的人为我所用。

在很多企业中，管理者在面对一些比自己优秀的员工的时候，总是一副争强好胜的样子，处处要显示出高人一等。

此时如果员工比较聪明，懂得忍让，那么带给企业的不利影响还小一点。倘若这样的企业管理者碰上一个"愣头青"式的员工，那么可能会给企业带来非常大的不利影响。

事实上，一个员工如果能引起企业管理者的嫉妒心，只能说明这个员工非常优秀。

学会与比自己更优秀的人相处，这是每一个企业管理者应该具备的能力。企业管理者如果因为员工比自己优秀就产生强烈的嫉妒心，带给企业的损害就不仅是破坏良好的工作氛围了，还可能产生更严重的后果。

说起世界上著名的企业管理者嫉妒员工的案例，福特汽车公司的董事长亨利·福特恐怕是最典型的了。众所周知，他一手导演了著名的"艾柯卡事件"。

1978年7月13日,"野马之父""汽车之父"艾柯卡像往常一样来到迪尔本的福特公司总部上班,但走进办公室的时候,迎接他的却是一纸辞退通知书。

艾柯卡在福特公司工作了32年,从一个小职员做起,一步一步凭借着过人的才华和优秀的管理能力,最终当上了福特汽车公司的总裁,而且一当就是8年。

艾柯卡怎么都没想到,他会以这样的方式离开自己努力奋斗了一辈子的福特汽车公司。

事实上,艾柯卡被辞退的原因并不是他的管理出现了多么大的问题,而是他的管理工作做得太好了——董事长福特实在看不惯艾柯卡,因为艾柯卡在福特的管理业绩比他要好很多,这让一直自认为伟大的福特感到非常不快。

在20世纪60年代,艾柯卡就和公司的工程师们一起夜以继日地设计新车,最终成功推出了年轻人非常喜欢的"野马"汽车。

此后,艾柯卡又成功推出了"侯爵""美洲豹"和"马克3型"高级轿车系列,这直接让已经濒临破产的福特汽车公司迅速起死回生,而且登上了全美第二大汽车生产商的宝座,仅次于通用汽车公司。

当时,福特对艾柯卡已经嫉妒到了极点,凡是和艾柯卡关系比较好的员工,不管是高级管理者还是中级管理者,一律被他开除。

一个一直对艾柯卡比较崇拜的普通员工,在艾柯卡离开之后为其邮寄了一束鲜花,这件事情传到福特的耳朵里之后,福特立刻辞退了这个他连长什么样子都不知道的普通员工。这就是著名的"艾柯卡事件"的始末。

被福特辞退时，艾柯卡已经54岁了——这是一个非常尴尬的年龄，创业的话时间有点不够，退休的话又感觉自己还能工作几年，所以艾柯卡非常迷茫和痛苦。

就在这个时候，已经濒临倒闭的克莱斯勒公司聘请艾柯卡为总裁。于是，艾柯卡再一次回到了自己喜欢的汽车行业。

令福特做梦都没有想到的是，已经被自己击败的克莱斯勒公司竟然聘请了自己非常嫉妒的艾柯卡。更令他想不到的是——艾柯卡率领的克莱斯勒公司很快就成为福特公司最强有力的竞争对手，并最终使福特公司让出了很大的市场份额、让出了美国第二大汽车生产商的宝座。

可以说，这一切都是董事长福特嫉妒比自己优秀的艾柯卡而惹出的祸。

企业管理者的嫉妒可能会让非常优秀的人才流失，而那些优秀人才还有可能反过来成为十分可怕的竞争对手。因此，企业管理者保持一颗平常心，尽量减少自己的嫉妒心就显得尤为重要。

电影《天下无贼》中，黎叔有一句经典对白："21世纪什么最贵？人才！"

人才是企业的重要资源，是成功的保障，所以领导者要善用比自己更优秀的人才，让企业的发展进入一个长久健康的良性循环。

对于管理者来说，嫉贤妒能无异于自掘坟墓。

古人说："弟子不必不如师，师不必贤于弟子。闻道有先后，术业有专攻。"这同样适用于管理者。

Part 7

绩效管理：以结果为依据，尊重员工带来的成果

以结果为导向，利润才是企业生存的基石

德鲁克说："除非一个企业产生的利润大于其资本成本，否则这个企业是亏损经营的……到挣足它的资金成本以前，企业没有创建价值，而是在摧毁价值。"

现代企业着眼于结果。实现结果管理，是评价员工创造价值和提升员工个人技能的有效手段。企业通过一系列的评价指标，对员工的行为和行动做出公正、合理并且令人信服的评价，从而依据评价结果做出晋升、降职、调动、开展培训和调换工作或辞退等决定。

在向结果型企业转变的过程中，企业要想使员工树立绩效意识，提高员工的执行力，就需要在管理中以员工的执行结果为重点，运用考核，使员工改变低效甚至无效的工作方式，踏踏实实地提高每一环节的工作效率。

作为一名管理者，在工作中一定要树立"以结果为导向"的工作理念，要想方设法保证工作的落实，为企业创造效益。

如果是客观的原因，那我们无能为力；如果因为我们自身的悲观判断就选择放弃，那等于是自毁前程。

大众汽车公司一直被认为是较为科学和理性的公司，而能体现

其理性特点的，莫过于其施行的结果管理。

在大众汽车公司，结果管理工作被当作一个系统工程。主管和员工共同讨论和制定绩效目标，并且这个目标必须是具体的、可执行的、有明确时间表的。只有员工能够准确地描述自己的具体工作是什么、这些工作的具体标准是什么、为什么要做这些工作，以及完成这些工作的时间期限等，绩效计划的工作才能由此实施。

大众汽车公司的绩效考核十分注意员工的执行结果，引入了"六西格玛"[①]概念，用它来解决管理人员、公关人员的考核不易量化的难题。而员工也可根据这些行为准则评价自己的主管。

对于具体执行工作，能够量化的尽可能用严格的标准量化，如公关人员的工作量化可以用接了多少电话、回了多少电话、用多少时间来回答、安排了多少拜访等作为标准。

通过对这些十分具体的工作进行考核，不仅公关人员、管理人员更加务实和注重结果了，其他员工也会深受结果文化的感染，积极改变自己的行为和工作方式。

除了对工作业绩进行考核，大众汽车公司还对员工的价值观等方面进行考核。每一个进入大众汽车公司的员工都要经过一系列的价值观培训，以理解公司的价值观。

---

① 六西格玛（Six Sigma）是一种管理策略，它是由当时在摩托罗拉任职的工程师比尔·史密斯（Bill Smith）于1986年提出的。这种策略主要强调制定极高的目标、收集数据以及分析结果，通过这些来减少产品和服务的缺陷。六西格玛背后的原理就是如果你检测到你的项目中有多少缺陷，你就可以找出如何系统地减少缺陷，使你的项目尽量完美的方法。一个企业要想达到六西格玛标准，那么它的出错率不能超过3.4ppm（即百万分之三点四）。六西格玛（Six Sigma）在20世纪90年代中期开始被GE从一种全面质量管理方法演变成为一个高度有效的企业流程设计、改善和优化的技术，并提供了一系列同等适用于设计、生产和服务的新产品开发工具。继而与GE的全球化、服务化等战略齐头并进，成为全世界追求管理卓越性的企业最为重要的战略举措。

考核不是让员工背诵相关价值观，而是考察员工能否在平时的工作和生活中用实际行动和工作结果来说明价值观。

通过大众汽车公司的结果管理不难看出，公司对员工是否用实际行动执行计划、实践对战略和价值观的重视，以及对各级管理人员在执行和关注具体结果方面的高要求。

在工作中，很多领导只知道安排工作任务，却不重视工作的最终完成情况。他们也在努力，耗费大量的时间和精力来做事，最后却出现投入巨大但效果不佳、意义不大乃至犯下错误的局面。

企业利润的主要来源是营业利润，它是指企业在销售商品、提供劳务等日常活动中所产生的利润。简单地说，就是所获得的数额扣除成本消耗所得出的余额。

企业的税后利润可以算作企业的净利润，一般按以下方式进行分配：弥补企业前一年度的亏损、提取法定盈余公积金、提取公益金、向所有者分配利润。

通过这个分配方式我们可以看到，作为团队或者个人，只有在企业获取更多利润的情况下才能分得更多利润。而对于企业来说，个人或者团队的作用就是赚取利润，不计较中间过程，只注重结果。

所以，德鲁克得出结论：即便过程有很多精彩之处，如果不能为团队和组织带来利润，那也是在做无用功。

德鲁克这样解释利润：它是企业生存发展的核心指标。不论是投资人、债权人还是企业管理者，都非常关心企业中各团队的赢利能力，而利润管理是企业目标管理的重要组成部分，其结果会直接或间接地影响到每个个体的利益。

当今的经济社会已经不是遍地金砖的商业发展初期。企业想在高度竞争的市场中保持利润持续增长，变得越来越艰难。市场竞争非常激烈，突破性的技术创新却不是一朝一夕能办到的。

面对如此众多的困难，许多公司原本的"通过创新并保持现有市场份额就能获取利润"的想法已经落伍了。

德鲁克认为，获取利润的途径无非是开源节流，除了在企业外部赢得利益，还要从内部的成本控制出发，学会"节流"。

而对于企业来说，适度的节约就意味着创造利润。因为成本的缩减就是利润的增加，每节约一分钱，利润就会增加一分。因为企业利润关系着每个员工的酬劳收益，所以节约与企业每个人的切身利益也密切相关。

在能源紧张的现代社会中，节约不仅是一种道德理念和价值观，更是一种核心竞争力。能够节约的企业，能够从节约出发找到利润的企业，会在市场竞争中游刃有余；能够为企业节约、真正懂得节约、会节约的员工，也会在职场中脱颖而出。

有的放矢地节流是企业长久存活的根本，节约是企业中最容易创造利润的方式之一，也是一家企业活下去的一大重点。向"节流"要利润，任何时候都是简单有效的经营法则。要让员工创造利润，培养"节流"的习惯是第一步。

德鲁克曾引用原"世界船王"包玉刚的话来说明："在经营中，每节约一分钱，就会使利润增加一分，节约与利润是成正比的。"无论是在金融危机之下，还是在经济繁荣之时，"开源节流"都是企业生存和发展的基本原则。

尤其是在金融危机的打击下，外部利润不断降低，企业更要学会从节流中获取利润。在金融危机的直接影响下，从银行或者其他金融机构贷款变得很难，企业如果不能有效控制成本，养成节流的习惯，就不能保证始终平稳运行。

以知名品牌奥康皮鞋为例，厂家每生产一双皮鞋需要经过50多道工序，只要每道工序稍加留心，尽量不错误操作，就能节约2分钱，这样一双鞋生产出来就可以节约一块多钱，使奥康每年能轻松增加1500万元的利润。所以，奥康一直在大力推行"精益生产"，创造成本上的优势。

当然，还有一点应该注意，利润应该成为激励和动力。

我们都了解，适度的利润管理对企业的不断发展有举足轻重的作用，而过度的管理则会给企业成长带来不利的影响，不利于企业经营的决策与实施。

对于内部管理来说，要设定合理的绩效规则，给员工适当的激励，让公司的每一个团队都能专注于提高利润。

德鲁克指出，管理者作为团队的领导者，不但要保证团队为企业赢利，而且肩负着保证每一个团队成员利益的任务。在这个时候要充分显示出你正确的价值观，运用适当的管理手段，不仅为企业"开源"，还要学会从成本控制上"节流"。毕竟，对于企业而言，利润永远是最终目标。

绩效需要体系，体系需要建立在融洽和谐的工作氛围中

不管是个人喜好还是生活习惯，都会随着环境的变化逐渐改变，这是一个潜移默化的过程，不是一朝一夕能办到的。

因此，德鲁克认为，管理者要明白，绩效体系需要建立在和谐融洽的关系之上。他举了这样一个例子来说明自己的观点：

越战期间，美军驻越南总司令威廉·查尔斯·威斯特摩兰前去检阅和慰问伞兵，威斯特摩兰向每一个伞兵询问他们跳伞的感受。

第一位伞兵毫不犹豫地脱口而出："我爱跳伞！"

第二位伞兵也激动万分地说："跳伞是我生命中最重要的体验！"

威斯特摩兰将军频频点头，觉得士兵们士气高昂。

可是到了第三位伞兵，他的答案竟是："我不爱跳伞。"

顿时气氛大变，威斯特摩兰将军很不解地问："既然你不喜欢，那你为什么还要选择当伞兵呢？"

这名伞兵面不改色地回答道："和这些热爱跳伞的人在一起，他们可以改变我。"

气氛和环境能够影响人，这是显而易见的道理。

德鲁克指导管理者，在企业管理中，要树立企业的发展理念和文化核心，让员工在融洽和谐的氛围中团结合作，为企业创造更多价值。

同为世界知名计算机公司，IBM 与苹果截然不同。前者以处理大量资料闻名世界，后者以图像处理技术独步全球，他们的成功取决于各自的经营理念。

据说在 IBM，员工桌前常摆着一块座右铭，上面写着"Think Big"，这句话鼓励员工发挥创造力，提醒他们想象的空间要大、视野要宽、胸襟要开阔。具有 IBM 意识形态的人，会认同"想得大"带来的开阔思维。

苹果的员工也信守一个理念，那就是"Think Different（不同凡响）"，每个人都不断地要求自己要有创意、要时常更新观念、要去思考新的方法。苹果的员工都明白"想得和别人不同"对自己的意义。

绩效管理与企业、员工其他方面的管理一样，需要一定的准备和基础才能有条不紊地进行下去。

古人有云："凡事预则立，不预则废。"事先"预"与"不预"，对某些事情的成功与否起着决定性的作用。

德鲁克认为，企业实施绩效管理的基础，按照作用和特点可以简单地分为软性和硬性两种。

企业具备的软性基础可定义为企业的氛围基础。这里说的氛围基础并不等同于文化基础，因为文化基础的层次更深。

企业中的氛围存在于企业发展中的某一特定时期，随时可能因为理念和管理手段的变化而改变。企业文化并不是简单的几句话、几条标语，更不是几个月就能拥有的东西。

例如，上文我们提到的IBM和苹果，企业的座右铭短小却内涵丰富，是经过多年的提炼和总结得出来的。而氛围则在一定环境中影响着员工的心理，往往能够对员工的绩效产生很大作用。

德鲁克还指出，企业需要好的气氛来激励和促进员工为组织创造更多利润，有些元素是和谐融洽的企业氛围一定且必须拥有的。

1. 要营造融洽的企业氛围，一定要坦诚

在组织中，交流和沟通都是必不可少的。不能坦诚地交流就谈不上付出和得到信任，没有信任的团队是不可能团结的。

德鲁克认为，只有团队的每一项决策都是经过大家共同讨论，基于公开的态度，取得大部分人的一致意见后做出的，在决策之后，大家才会积极执行。这样的企业和团队才具有统一的行为基础，才可以营造出友善融洽的氛围。

他还强调，团队中的每个人都要诚实、尊重事实、尊重他人，这样，员工对自己和工作才有更高的满意度，才能提高绩效。

继而，管理者就能更好地动员人力，获得人力资源管理上的成功，因为只要员工的价值观是正确的，团队的生产力就会得到提升，员工才有更大的创造力，对工作也能有更大的贡献。

2. 要营造融洽的企业氛围，一定要明辨是非

真正对企业和团队有帮助的管理者和员工，不会对是非问题做出简单的评价，而会在对事实进行充分了解之后，再做出判断。

管理者能否服众，关键在于处事是否公正。而员工之所以获得好评，多半也是因为拥有指出错误和问题的勇气，对事物做出公正

的评价。

如果大家都能做到这一点,所有人的沟通就会变得简单,问题也能够在第一时间被提出来,合作也就变得愉快起来。

这是德鲁克对管理者提出的、建立良好团队氛围的一个很实用的方法。

3. 要营造融洽的企业氛围,一定要从善如流

德鲁克这样告诫管理者:"不管你事先做好了多少准备,在真正执行的时候,情况肯定会有所不同,会出现各种各样的问题。"

他指出,管理者一定要有从善如流的精神,一旦发现问题,立即承认,并及时解决。隐瞒和掩饰只能让错误更大、问题更严重,管理者也会由此丧失威信。

同时,管理者要引导员工勇于自我检讨。如果每个人都有不断修正自我的能力,及时反馈实际问题,团队和组织的状况就能得到及时改善,其乐融融的氛围自然就形成了。

4. 要营造融洽的企业氛围,一定要坚持

信念诞生之后,需要的就是长期不懈地坚持,任何虎头蛇尾的人都不会受到欢迎的。命令和制度一定要推行到底,否则根本谈不上实施绩效管理。

德鲁克认为,软性管理是精神上的保障,而实施绩效管理的硬性基础就是清晰的规章制度和标准。

各个层级职责的规定、科学的绩效指标、绩效管理的制度、优秀的执行团队和高层管理者的支持,都属于坚实的硬性基础。而绩效管理的成功实施,关键在于企业的软性基础。

很多管理者都认为绩效考核是最终的检验手段，也是唯一的激励手段，德鲁克对此很不认同。因为实际上，考核虽然起到了监督和检验的作用，却不能带动企业内部的工作激情。

绩效管理的最大作用就在于形成决策与执行过程中的沟通和绩效反馈，而改善工作氛围能够使员工有更大的工作热情，这才是绩效管理的目的。

他觉得，绩效考核应该起到的作用，是让员工了解自己的不足、让上司和下级积极主动地沟通、解决问题，而这都依赖于良好的沟通氛围。所以，德鲁克觉得，绩效管理很大程度上要从良好的工作氛围出发。

如果缺失基本的融洽的企业氛围，是不可能成功地实施绩效管理的，没有沟通的团队和组织势必不能长久维持。

德鲁克指出，营造并持续改进沟通的氛围，比绩效管理更难，更需要管理者耗费精力和时间。

管理者要时刻铭记：绩效体系只有在融洽和谐的气氛中有序进行，才会取得更大的成果。

做好基础管理，
别让绩效管理形同虚设

德鲁克批评相当一部分企业，认为他们之所以不能顺利推行绩效管理，是因为企业本身的基础管理工作较差、发展战略不完善、策划和执行部门的职能不明确、很多操作部门欠缺专业性，等等。

企业没有好的讨论氛围和融洽的沟通氛围，上下级之间不能充分地进行考核沟通，会使绩效考核的作用发挥不出来，所以还是需要营造良好的企业内部氛围。

更重要的是，管理者要重视培训工作，培训不到位也会造成管理脱节。

同时，各级管理者应该适当地掌握绩效管理的工具和技巧。如绩效管理系统本身存在问题，也是造成绩效计划实施困难的主要原因。

很多企业在制定绩效目标的时候缺乏科学的依据和参考，随意性相对较大，致使绩效考核做不到公平公正，不具备公信力。

德鲁克还指出，如绩效考核指标存在问题，也会导致员工行为和企业预期不一致。

员工的利益与企业的绩效管理考核是息息相关的，好的绩效管理考核可以充分调动员工的工作积极性，激发员工的工作热情；而朝令夕改的绩效考核容易使考核流于形式，无法发挥其应有的作用。

例如，每年年终总结的时候，许多企业的人事部门都开始为年终的绩效考评做准备。然而，大部分企业的年终绩效考核都是流于形式的。究其原因，主要是管理者应付了事、绩效目标难以衡量；管理者缺乏相关的训练、拉不下面子、打分标准不一、只问结果不管过程等。

还有一个更为根本性的原因——企业对绩效考核和绩效管理本身的认识存在偏差，简单地认为绩效考核就是绩效管理，只看到需要评估部门和员工表现的一面，而忽视了其他更为重要的考核因素。

有七个好朋友住在一起，每天分享一桶粥，不过一桶粥显然不够他们喝，而且有人喝得多，有人几乎喝不到。

于是，大家想要找到一个公平的分粥办法。开始的时候，他们靠抓阄决定由谁先来盛粥，分过的人不再重复参与抓阄。可七天下来，他们都只有自己分粥的那一天是饱的。

后来，他们决定推选出一个道德高尚的人出来分粥。

权力会产生腐败，大家为了得到多一点粥，开始挖空心思去讨好和贿赂分粥人，导致整个小团体的氛围非常不好。

忍无可忍之下，七人组建了三人的分粥委员会及四人的监督委员会，双方互相攻击，浪费了很多时间，粥吃到嘴里的时候都凉了。

最后，他们想出来一个有效的解决办法：七个人轮流分粥，但负责分粥的人要等其他人都挑完后拿最后剩下来的那碗。

为了不让自己吃到最少的，每个人在分的时候都尽量分得均匀，就算分不均，后果也只能自己承担。就这样，大家和和气气地喝粥，日子越过越好。

管理者确立目标后的主要职责就是建立一个"轮流分粥，分者后取"这样合理的规则，让每个员工按照既定的规则自我管理。这个规则一定要兼顾公司利益和个人利益，并且要让个人利益与公司整体利益统一起来。

越来越多的管理者开始从管理本身出发寻找团队建设的突破点，因此很多企业都在推行绩效管理，也有越来越多的员工经历过绩效管理与考核。

相信大部分人都有这样的感受：绩效管理一定要做，可是要想做好并不容易。那么，令管理者爱恨交加的绩效管理到底存在哪些问题？是什么原因导致企业绩效管理的效果不尽如人意？管理者应如何使绩效管理取得预期效果？

这些问题，德鲁克会带我们从绩效结果中找到答案。他从这样一个案例谈起：

杰弗逊纪念大厦在华盛顿一直是一座标志性的建筑，但因为年久失修，墙面上出现了多条裂缝。

政府发现这个问题后，立刻请相关专家商讨如何修复。

一开始，很多专家都认为，出现这样的情况主要是因为酸雨对墙面的腐蚀，但经过进一步地研究发现，墙面腐蚀的最直接原因就是清洁剂。

因为每天使用清洁剂对墙面进行冲洗，造成了清洁剂里的某些化学物质对建筑物表面的酸蚀。

可能有人要问，为何需要每天用清洁剂冲洗墙面呢？

那是因为这座大厦周围有很多燕子，很多鸟粪落在了建筑物上，因此，必须每天进行清洁。

那么，燕子又为何喜欢在这座建筑物周围飞行呢？

这主要是因为这座建筑物四周有很多蜘蛛，而蜘蛛是燕子最喜欢的食物之一。

可能会有人继续追问，建筑物四周为何会有那么多蜘蛛呢？

这主要是因为大厦中有很多飞虫。

飞虫又为何喜欢出现在这座大厦中呢？

原因是大厦的采光极好，阳光照射充足，这样的温度和环境适合飞虫的繁殖……

通过一层层地研究，终于找到了问题的症结。

最后，专家们商讨出的办法是：拉上窗帘。

杰弗逊大厦墙面出现裂缝，原来只需要拉上窗帘就能节省好几百万美元，小小的一个改动就能解决大问题。

所以，德鲁克得出结论：我们从绩效考核中得到信息，在处理问题的时候，如果能追本溯源，抓住问题的本质，往往就能起到四两拨千斤的功效。

德鲁克说："即使是着眼于贡献的管理者也不一定会得到满意的成果。"

基于问题的症状去纠正错误，只能治标不能治本，虽然能迅速消除问题的症状，但只能起到暂时的作用，而且往往带有使问题更加严重的副作用，是一种变相的逃避。

"治本"是解决问题的根本方式，只有通过系统思考，从结果出发，看到问题的起因和整体，才能找到解决之道。

要想形成一个完整有效的绩效管理体系，就要从制度上明确绩效考核者、被考核者、考核周期、考核主要内容，以及考核结果的应用等要素。

此外，关键绩效考核指标体系还应该完整地包含以下部分：指标名称、指标释义、绩效目标、评价标准以及绩效考核人等。

德鲁克强调，选择合适的绩效考核指标并明确各个指标的关系、制定客观的评价标准、确定合适的绩效考核管理者才是完整的设计考核指标体系的过程。

德鲁克还补充，应该检视绩效管理各个环节工作是否到位、绩效反馈的处理情况等。绩效考核结果应用是非常重要的部分，因为它起到的是"继往开来"的作用。

另外，他还指出，最有力的能调动员工积极性的武器，就是将绩效考核结果与绩效工资、奖金、假期等挂钩，与培训教育、员工个人发展计划相联系，因为组织利益和个人利益相关的时候，就是员工最能发挥能力的时候。

而管理者的任务就是从绩效结果中找出问题，并找出产生问题的原因，只有把握了问题的症结，才能更好地解决问题。

企业的良好运转,在于有赏罚分明的机制

德鲁克一直强调,管理者在企业里的特殊职位,使他们的一言一行都会对企业和员工造成深远的影响。他们对于做出的每项决定都要慎之又慎,因为企业的员工都在用放大镜看着他们。

管理者的举动不只代表了个人,也代表了企业。管理者只有做到公平、公正、对事不对人,不仅在奖励中,而且在平时的待人方式、指导方式、工作的分派、评价及待遇上,都做到公平公正,才能真正赢得员工的拥护和尊重。

管理者要树立良好的、有威严的形象,才能顺利地管理公司、统领大局。

美国丹纳公司历来遵守"丹纳法则":正确评价人们的贡献,这样他们会更积极、更努力地做出回报。

它要求有区别地对待所有做出贡献的员工,而不能一概而论,大贡献有大奖赏,小贡献有小奖赏,没有贡献不给奖赏。

有一年,一家中型煤矿取得了较好的业绩,特别是在安全方面,水平跻身同行业的先进行列。

于是,上级主管部门给他们发放了15万美元奖金,奖励该矿

在安全与生产中做出贡献的员工。

15万美元如何分配呢？

经过讨论，分配被定为五个档次：矿长550美元，副矿长500美元，科长400美元，一般管理人员200美元，工人一律5美元。这样分下来刚好分完。

矿长同意了这个分法。

奖金发下之后，没有人质疑，全矿显得风平浪静，但几天后，安全事故就开始不断地发生。

矿长带领工作组追查事故起因。最后，有人说出了这样一番话："我们拿的安全奖少，不应该负安全责任。管理者拿的奖金多，让他们干吧。"

甚至有一些年轻的工人说："我们受伤，就是为了不让当官的拿安全奖。"

这种回答可能会让很多人咋舌，但仔细想想，也不无道理。

这就是不公平导致的恶果。

从管理学的角度来讲，这个分配方案忽视了公平原则，让部分员工产生了不满。管理者采取的决策和行动，应该让员工认为是公平的。如果员工认为不公平，就不会再信任管理者。

绩效管理无沟通，下属如何知道你的心思

德鲁克认为，在一个团队或组织里，工作标准是员工的行为指南和考核依据。

缺乏工作标准，往往会导致员工的努力方向与公司整体目标、既定发展方向不统一，给人力和物力资源造成浪费。

因此，绩效管理的重要任务是防患于未然的沟通。要让下属知道你要做什么、这样做的目的是什么，神秘感不能让你树立威信，反而容易让你的工作举步维艰。

两个天使到一个富有的农场主家借宿。

吝啬的富人对他们并不友好，让他们在冰冷的地下室过夜。

当晚，年长的天使发现墙上有一个洞，就把它修补好了。年轻的天使感到不解，年长的天使答道："很多事情并不是你想的那样。"

第二晚，他们到了一个贫穷的农家借宿。

这家的夫妇俩对他们非常热情，把仅有的食物拿出来款待他们，又让出自己的床铺给他们。不幸的是，第二天一早，农夫和他的妻子唯一的生活来源——奶牛，死了。

年轻的天使愤怒地质问年长的天使为什么会这样。"有些事并

不是它看上去的样子,"年长的天使答道,"我们在地下室过夜时,我从墙洞看到墙那边有一间密室,里面堆满了不为人所知的财宝,所以我把墙洞堵上了。昨天晚上,死神来召唤农夫的妻子,我让他们的奶牛代替了她。"

德鲁克说:"某些管理者有个常犯的毛病,即专家式的傲慢。他们认为别人都应该懂得他们的术语,并按照他们的方式来思维……他们认为其他的人即使不沟通,也应该知道做什么。"

很多管理者都认为沟通是在绩效管理的反馈阶段才使用的手段,其实绩效沟通恰恰是绩效管理的核心,是绩效管理过程中耗时最长、最关键、对工作开展最有促进作用、最能产生效果的环节。

所以,良好的绩效沟通能够及时排除目标完成过程中的障碍,最大限度地提高绩效。

他还指出,绩效沟通应该贯穿于绩效管理的各个环节。

1. 绩效的计划需要沟通

即使绩效管理还未开始,绩效计划还在谋划中,管理者与下属之间也应该就即将实施的绩效计划的目标和内容,实现目标所要采取的措施、步骤和方法等进行全方位地沟通交流。只有双方达成共识后,在一致赞同的计划下开展绩效管理,才能顺利高效运行。

2. 绩效的指导需要沟通

绩效管理开始执行后,管理者要细心观察员工的一举一动,根据下属的表现,判断所有步骤是否按照计划有序实施,围绕着下属的工作态度、操作方法、操作流程与绩效标准等方面进行沟通指导。如果发现产生偏差，应提醒下属及时纠正错误，同时也要适当鼓励下属的优异表现，以增强其自信心。

鼓励员工遇到困难时主动向部门负责人汇报情况、寻求帮助，绩效管理才能持续有效地运行下去。

3. 绩效的考评需要沟通

绩效考评是对员工的综合表现和业绩进行全面地回顾、总结和评估的阶段，这个阶段包含管理者与员工的沟通、交流与信息的反馈，管理者在资料分析后应该将考评结果及相关的信息反馈给员工本人，通常以面谈的形式进行，这个在前面一节我们已经谈到了。

绩效考核中的沟通是必不可少的，是为了辅助性地保障员工按照绩效合约进行工作而存在的。

4. 绩效的改进需要沟通

这里的"改进"指的是主管人员根据下属的工作反映在绩效中的不足，指导下属改进或提出一些改善的建议，然后针对改进情况进行交流评价，帮助员工得到提升。

德鲁克强调，管理者如果能坚持做到适时进行有效的绩效沟通，那么对于达成员工个人和团队的绩效目标会起到很大作用，这也是有效贯彻和执行绩效管理的有力手段。

总而言之，管理者与下属之间的沟通与交流，可以使下属在工作过程中及时得到正面或者负面的、关于自己工作绩效的反馈信息，有利于自己在工作中不断改进方法、提高技能、获得进步。

因为随时可能有相关策略或者信息的变化，沟通能帮助员工及时了解组织目标的调整、重要工作内容的变化，便于及时变更相应的个人目标和工作任务等。同时,沟通能够使员工在有需要的时候及时得到上司相应的资源和帮助,以便更好地实现目标,当员工个人受到环境影响或者面临危机时,不至于孤军奋战。

总之,德鲁克总结道:对于管理者而言,绩效管理的重要任务之一是沟通。每个管理者都要重视这一点,并运用其解决实际问题。

Part 8

责任管理：有担当，才会成为优秀的领导

学会担责,是成为领导的第一要素

对任何级别的管理者而言,决策是一种权力,更是一种责任。

企业管理者及公司主管在执行上级意图时,首先要决策——对于广大管理者而言,就是如何带领下属去执行。

如德鲁克所说:"决策是使大量分歧的时间幅度同步化为现在的一台时间机器,是为未来将决定做的某些事情进行计划……我们在做决策时不能只是为了目前。最权宜、最机会主义的决策——不说是永久地和无可挽回地承担责任,也会使我们在今后一个长时期内承担责任。"

决策并不是简单地对下属下命令。

德鲁克强调:"作为决策负责人,不能只是贯彻上司的指令。他必须承担起做出贡献的责任来。"

他给予职权这样的限度:"在社会责任上最重要的限度是职权的限度。法学家认为,在政治词典中并不存在'责任'这个词,而存在着'责任和职权'。任何人要求职权就要承担责任,而任何人承担责任也就是要求职权。这两者是同一硬币的两面。因此,承担社会责任始终意味着要求职权。"

传统的中层管理人员基本上是一种指挥员,而新的中层管理人员基本上是一种知识供应者。传统的中层管理人员对向他做报告的人员有一种对下的权力，新的中层管理人员则主要有一种横向的和向上的责任，即对他无权指挥的人有一种责任。

德鲁克说："归根结底，'管理'意味着用思想代替体力，用知识代替惯例和迷信，用合作代替强力。它意味着用责任代替等级的服从，用取得成就的职权代替权力的职权。"

这应该是企业管理者必须遵守的一种新的岗位游戏规则。

作为管理者，一定要敢于担当责任。犯错和失职并不可怕，否认和掩饰错误才是最不可容忍的。

戴尔公司的老板迈克·戴尔，就是一位勇于承担责任，也能主动承认错误的领导。

自2001年起，戴尔公司就实行了年度总评计划。

在戴尔工作的任何一个员工，都可以向他的领导、上级或者戴尔本人直接提出意见，指出他们的错误。

在第一次员工总评时，戴尔就收到了这样的评价——过于冷淡。戴尔看到评价后，当着全公司的员工检讨自己的问题，他说："我承认我有这样的问题。这主要是因为我太腼腆、个性内向，给人的感觉就会显得冷淡些，让人觉得不太好接近。这是我的错误。我向大家保证，我会尽最大的努力，改善我的态度，改善我和员工之间的关系。"

这件事情发生后，有记者采访戴尔，问道："戴尔先生，您就不担心员工提出的问题是您根本就不存在的吗？"

戴尔微笑着说："在戴尔，最重要的一个准则就是责任感。在我们公司，你不会听到任何推诿之词。因为我们不需要借口，需要的是高度的责任心。"

戴尔的这番言论在公司内部引起了巨大反响，员工们都觉得，连老板都是这样敢于承担责任的人，那我们又有什么理由去找各种借口和推诿之词呢？

因此，"承担责任，不找借口"的风气迅速在戴尔公司蔓延开来，让戴尔公司在市场竞争中拥有更加强大的力量。

李嘉诚曾说，下属的错误就是领导者的错误。经商多年的他懂得，经营企业并不是一件简单的事情，谁都会犯错。

当错误发生时，作为领导者，就得带头检讨，把责任都揽到自己身上，让下属尽量不要陷入失败和自责的阴影中。

他时常说："下属犯错误，领导者要承担主要责任，甚至是全部责任，员工的错误就是公司的错误，也就是领导者的错误。"

在工作中，人们由于经验、能力、环境等因素，犯错误是常见的，关键是有无勇气去面对和改正错误。

从人性的角度分析，人在做错事或遇到外界刺激时，首先会进行自我保护，同时产生负罪感和责任感。如果能主动认错，至少可以获得别人的谅解和帮助，同时缓解自身压力，对于组员、上级、同事等都有所交代。

梁启超说："人生须知负责任的苦处，才能知道尽责任的乐趣。"可以说，承担责任是任何人生存的必备素质。尤其对管理者来说，问题出现了，敢于承担属于自己的责任，才能取得上级的支持和下属的信任，这是解决所有问题的前提，也是一个管理者必备的素质。

企业要想有规矩，管理就要一碗水端平

德鲁克认为，管理者要奉行公平的原则来处理自己和员工的关系。管理者和员工是平等的，管理者要放下架子和员工交流，尊重每个员工的人格和尊严，真诚地关心每个员工，才能与员工建立良好的互动关系。

管理者还要公平地用人，不以员工与自己的亲疏远近来评定员工的能力，要唯才是用，以才能作为任用员工的主要标准，使员工拥有可以发挥才能的空间和职位。

2003年，新东方成立了教育集团，花费100万元委托普华永道重新分配高管和股东们的股份。

创始人俞敏洪被看成是之前管理混乱的主要责任人，因而退居二线，担任董事长，由胡敏任总裁。

胡敏大刀阔斧对新东方的组织和人事制度开刀，在形式上建立起从股东会、董事会、监事会到总裁办公会的组织结构和职业化管理结构。但问题是，胡敏的改革并没有触及新东方真正的管理弊端，合理的利益分配机制尚未成型。

这就产生了新的问题，用江博的话说："每一个人都想在新东

方拥有什么,又惧怕别人拥有更多"。

仅仅一年后,宣布把工作重心转移到战略和上市目标上的俞敏洪不得不重回新东方,收拾残局。

在混乱中,胡敏向俞敏洪递交辞呈,另立门户。新东方第一次职业化管理的尝试,最终以失败告终。

2005年是新东方上市前的关键一年,管理的专业化、职业化水平要求遽然提高,俞敏洪迫切希望解决公司的管理短板问题。

这一年,新东方第一次公开向全球招聘高级管理岗位人才。面对媒体,俞敏洪按捺不住求变、求贤的心情,向外界呼唤:

"现在新东方不缺优秀的校长和老师,许多中高层领导都是从最基层提拔起来的,现在是亟须专业的国际化人才,特别是在财务、市场、人力资源等领域。

"现在新东方急需这样的专业管理人才,如在人力资源方面,可以为新东方搭建一套先进的十几年不过时的平台,在财务和运营方面也可以提出自己的看法和见解。新东方也将实行人才提拔双轨制度,内部培养有潜力的人员。但这需要时间,而招聘的高管来了就能独当一面。"

随后,一大批优秀的职业经理人空降新东方,打破了内部的利益藩篱。

随着谢东莹的加入,会计事务所审计、内部成本风险控制、第三方监督等新的财务管理制度相继建立,抵消了新东方各个板块的利益阻力。

随着公开、公平、透明、风险可控的硬财务制度的建立,原来依附其上的内部斗争基本终结。

在新制度的支持下,新东方的人事、产品、业务重新走上正确的轨道。管理者和员工各司其职,和谐的秩序初步建立起来。

俞敏洪曾设想过的管理权和所有权两权分立的新东方图景，在职业管理团队的打理下有条不紊地清晰起来。

"很少有企业的改革像新东方这样，从大乱实现大治。"俞敏洪这样评价新东方的职业化管理进程。

在第一代新东方人给学生们留下了无数传奇的故事和个人英雄主义之后，新东方开始以规范化、制度化、完全透明的现代企业的形象出现。

而新东方的上市，又从根本上停止了公司内部元老之间无休止的内讧，同时把补习班形式的短期教育培训推向了流水线式的大规模制造。

如果比较一下中外企业的管理、制度体系和核心竞争力，中国企业的优点固然很多，但缺点也十分明显。

大多数中国企业，即便是民营企业500强、在海外上市的中国概念公司，管理上也存在这样或者那样的缺陷。一些投机者，甚至是巴菲特这样的价值投资者，都对中国公司管理层的不成熟、非职业化、家族化集权、决策风险大等问题颇为敏感。

事实上，这些问题绝大多数都与管理专业化、职业化程度较低，内部管理和风险决策制度不完善有关。

所谓管理的专业化和职业化，本质上都属于管理人员职能和责任的专门化、制度化问题。

管理者用人是否公平，影响着人才的引进和发挥。唯有公平地对待每一个人，把人都放在最合适的位置上，人才们才会给予回报。如果违背了公平原则，管理者就失去了人心、失去了企业的核心竞争力。

温暖了人心，员工才会忠贞不贰

相信很多管理者都有过这样的经历：当你偶然给员工一个微笑、一句称赞，提出一个贴心的问题时，员工会立刻显得斗志昂扬、激情四射，并全身心地投入到工作中。这是为什么呢？

德鲁克认为，管理者对员工们的任何一个奖赏，不论大小，都能让员工感受到肯定性的激励。因为在那个看似不起眼的微笑与赞扬中，受表扬的人感觉到了自己工作的价值，以及自己在企业中的重要性。他们会觉得，自己的付出不是简单地用劳动价值去交换薪水，而是像在为自己工作。

德鲁克曾说，作为企业的管理者，你不能仅仅将自己定位在一个管理者角色的层面上，而应该是一个团队的核心，是一名让所有人都信服的领导者。

而要做到这些，你就千万不能"吝啬"对员工的关怀与奖赏。因为在一个企业中，任何一个管理者都不能只将眼光放在员工的工作上，而应该将眼光盯在员工和企业的长远发展上。

管理者的关怀与奖赏会让员工获得认同感，进而激发员工的工作热情，使他们能够将工作做好。

在当代职场中，很多管理者奉行的是赤裸裸的金钱雇佣关系政策。

　　企业花钱雇用了你，你就得按照企业的要求来工作，企业则按照与员工签订的合同或者双方的约定来处理与员工的关系。也就是说，企业与员工之间的关系非常简单和纯粹，就是金钱雇佣关系，员工为企业工作，企业支付薪水，获取员工的所有工作成果并将之转化为自己的收益。

　　实际上，员工与员工之间常常形同陌路，员工与管理者之间也没有过多的私人接触，大家都清楚彼此之间是一种简单的利用关系，这种缺乏人情味的工作环境，会使得员工对企业没有任何的归属感和依恋感。员工会觉得，在一个企业工作只不过是为了谋生，为了寻求可能的发展机遇，一旦企业不能满足自己的这个要求，他就会毫不犹豫地与企业告别。

　　但员工的工作不仅是为了薪水，在得到物质财富之后，他更需要满足的是精神需求。

　　如果一个企业缺乏良好的人际氛围，员工在其中工作就会感到不舒服，自己的精神需求也得不到满足，在这种情况下，他对企业也就失去了忠诚感和归属感，跳槽成了他的重要选择。

　　因此，企业需要对员工进行情感投资，需要改善管理方式、建立人性化的管理模式。具体来说，管理者应当重视员工的精神需求，给予员工更多的关怀和帮助。

　　企业应当鼓励员工之间的交往，帮助他们建立起信任和互助的人际关系，这是强化组织内部凝聚力的一种重要方式，也是提高员工素质、建立学习型组织的重要步骤。没有员工之间的信任和配合，组织就不可能高效、顺畅地运转。

　　管理者除了在规章制度方面为员工之间，以及员工与管理者之间创造宽松的交流环境之外，还应主动采取一些措施来增进员工之间、员工与管理者之间的关系，如可以举办各种户外活动、组织一些趣味比赛，或者邀请员工到家里做客，等等。

企业只有加大对员工的情感投资，才能留住员工的心。

英国有家名叫"先锋"的软件企业，在里贝特的领导下，用了不到3年的时间，就将年利润从800万英镑提高到了3000多万英镑，同时员工跳槽率也从初期的30%降到了4%。

现在，公司员工数达到了1800多人，为世界各国的银行系统提供相关软件外包服务。而其成功的原因，就是里贝特的新管理战略。

新员工进入公司，第一天会收到鲜花和贺卡，欢迎他们加入公司，成为公司的一员。

公司举办的年度表彰大会和庆祝大会，员工可以携家属一同参加。只要家里有急事，家属可以自由进出公司的办公室。而且，公司还为经常出差的员工提供礼物，当其出差次数积累到一定程度，公司经理会亲自出面向其颁发礼物并表示感谢，感谢他为公司做出的贡献和牺牲。如果公司员工需要出席孩子所在学校举办的家长活动，可以在下午提前下班。

这一系列举动赢得了员工的心，员工的工作效率和创新精神明显比竞争对手要好，这使得公司业绩一直保持着快速增长。

先锋软件公司的例子说明，对员工进行情感投资，实施人性化的管理，可以增强组织的战斗力，在一个有着由情感维系的良好人际关系的集体中，成员彼此更愿意相互帮助，共同努力。

这样，可以最大限度地减少组织内部的矛盾和摩擦，有利于组织内部的相互学习、共同成长，有利于问题的解决和管理水平的提高。

那么，如何才能更好地进行情感投资，更好地实施人性化的管理呢？

1. 关注员工的福利

企业为员工提供良好的福利，可以让员工感受到企业对自己的负责和关心，让员工摆脱后顾之忧。在一个生存得到更好保障的地方，员工自然能减少忧虑，卸下生活的负担，更轻松、更有激情地投入每天的工作中，这正是企业乐意看到的。

同时，良好的福利体系还能帮助企业培养与员工的感情，使双方不再是简单的利用和雇佣关系，而是组成了一个利益共同体，共同努力，把事业放在中心。

2. 关注员工的健康

员工的健康不仅是员工个人的事，也与企业相关，身心健康的员工才能焕发出最大的热情。

同时，身心健康才能让员工长期为企业做贡献，企业也才能留住那些优秀的员工；而那些忽视员工健康的企业行为都是短视而且有害的，会促使优秀员工离职。

3. 建立充满关怀的企业文化

员工是企业的成员，但同时也是一个自由人，有自己的生活，员工的生活状况无疑会影响到自己的工作。

因此，企业管理者如果希望员工能更好地投入工作，就应当积极关心员工的生活，必要时帮助他们解决一些生活上的问题，并在管理上为他们提供便利。

只有这样，员工才能更好地处理生活上的事情，也才能以最好的状态从事工作。

企业管理者如果仅从自身利益出发，不考虑员工的个人情况，对员工的生活不管不问，实施刚性的企业管理制度，就无法帮助员工处理好生活和工作的关系，加剧员工遇到的问题。

试想，一个心事重重的员工，有心思做好自己的工作吗？

懂得放权,领导有时需要"不务正业"

对于企业管理者来说,适度放权是非常明智的选择。

德鲁克认为,任何一个管理者都没有足够的时间完成他所有想完成的事情,所以,管理者应该学会放权,让别人去完成一些事情,才是明智之举。

企业要想做大做强,光靠管理者一个人的力量是不行的,必须全面地调动下属的积极性。

要想实现这一点,管理者就要学会适当授权,发挥员工的自主权,让他们为企业的发展贡献自己的力量。需要注意的是,管理者既然已经授权,就不能对员工的工作事事插手。因为过于仔细地指导只能限制员工能力的发挥,抑制员工的工作激情,最终导致企业发展速度缓慢。

周先生是一家电脑公司的老板,他工作一向很仔细,做什么事情都是事必躬亲。虽然他有好多下属,但他从不将权力下放给他们,因为周先生对下属不放心,认为他们做事都很不靠谱。

结果,他自己总是忙得焦头烂额,而公司的业务却一直马马虎虎,没有什么起色。

有一次，周先生要到国外出差10天，但他一直放心不下公司的业务，生怕被下属搞砸了。

他将出差前能处理的事全都处理完，并将这10天里可能发生的事都列在笔记本上，然后才动身出国。

即使这样，他还是放心不下，结果导致在国外的工作出现了失误，只好延长出差的时间。

在这么长的时间里，周先生每天都在担心自己不在时公司会发生什么事，一直担心那些"不值得信赖的员工"在这期间犯错，但苦于长途通话很多事讲不清楚，所以也只能耐着性子等待在国外的事情办完。

终于，周先生从国外回来了。

令他感到惊讶的是，他不在的这段时间里，公司的业绩不但没有下滑，反而有了明显的上升趋势。

询问之下才知道，是员工们自发承接了自己一直紧抓的业务链，并通过各自的创新和努力，为公司创造了新局面。

在这个案例中，周先生在不得已的情况下离开了公司一段时间，回来后却意外发现了员工们的才能和潜力，也知道了自己一直以来的担忧都是多余的。

很多时候，管理者并不需要什么事都亲自操刀，把工作放手交给员工，也许你会发现另一番景象。

俗话说"独木不成林"，当你的下属也都长成参天大树的时候，你就可以实现轻松管理了。

在《三国演义》中，诸葛亮虽然有"智圣"之称，但他也为自己不懂授权于人而付出了代价。

为了报答刘备的知遇之恩和托孤之重，诸葛亮以"鞠躬尽瘁，死而后已"的态度来工作，真正做到了事必躬亲。

如此高强度的工作很快击垮了他的身体，导致他54岁就撒手人寰，给世人留下了无尽的遗憾。

更糟糕的是，由于很多工作都是诸葛亮一手把控，导致他去世之后蜀国无可用之人才，所以很快就覆灭了。

事无巨细都要亲自过问，这是很多管理者的共性。

其实你大可不必如此，有时候放手交给员工去做反而会收到意想不到的效果。在领导的监督之下，员工常常会感觉不自在，大脑的思维也会被禁锢住。而当领导离开时，他们才会松一口气，从而心无旁骛地开展工作。

所以，管理者在授权时应做到"用人不疑"，给员工自由发挥的空间，让他们全身心投入到工作中，充分发挥各自的聪明才智。

万通董事局主席冯仑说王石是个倔老头，但冯仑也曾由衷地赞叹：学习万科好榜样！

万科逐渐成长为中国房地产龙头企业，王石可谓功不可没。

但他又被很多人诟病，原因是作为一家上市公司的董事长，王石一年中有近1/3的时间在外登山、跳伞、玩极限运动等。

这些在很多股民眼中"不务正业"的行为，自然会招致众多非议。但王石依旧潇洒，并不理会，还在众人的非议中登上了珠穆朗玛峰。

对王石的这种潇洒玩法，很多商业大佬都发表了自己的看法。

今典集团董事局联席主席、红树林品牌创始人张宝全把王石称为中国房企的"精神领袖"。他认为："王石的领导方式是独具特色的，他不像小企业那样进行人盯人的管理，而是实现了'人治'下的'法治'建设,形成了流程管控而不是人力管控。对企业的领袖来讲,最重要的是他的经营思想和所建立的体系。"

张宝全还认为:"王石的行为是可以理解的,甚至是非常优秀的,这是他在企业经营、资本经营方面的独到见解。我们不应该用世俗的标准来评判一个企业家,而应该站在企业战略的高度来对他进行鉴定。"

张宝全如此说的根据是,王石虽然喜欢登山等多种运动,并且为之花费了大量的时间,但万科的发展没有受到任何影响,还运行良好,这就说明王石是领导有方的。

"适度放养"是王石的管理智慧,也是王石能带领万科一路向前的重要原因。所以,王石继续"不务正业",并且理直气壮。

这就是放权的魅力。管理者放权可以营造出企业与员工之间的信任,让企业的组织结构扁平化,更能促进企业全系统范围内的有效沟通。

权力的下放可以使员工相信,他们正处在企业的中心而不是外围。他们会觉得自己在为企业的成功做贡献,所以积极性将空前高涨,潜能也会被激发出来。

在这样愉悦、上进的氛围中,员工不需要通过层层的审批就可以采取行动,参与的主动性加大;这样,企业的目标自然会很快得到实现。

耐心沟通，打开员工的内心世界

在德鲁克看来，管理者对员工进行管理，彼此之间不可避免地需要进行沟通。通常而言，管理者与员工沟通会产生两种截然相反的情况：要么是管理效果非常好，要么是管理效果非常糟糕。

事实上，沟通在管理中是一项非常考验管理者耐心的交流技术。但在德鲁克看来，管理者只要掌握了要领，与员工交流起来就会得心应手。

德鲁克曾经表示："在管理中，耐心的态度是管理者和员工沟通最重要的因素。"

德鲁克在雪佛兰汽车公司担任名誉管理顾问期间，成功地将自己总结的管理策略运用在了管理中。

雪佛兰汽车公司技术部有一名老员工，在日常工作中很少和别人合作，总是表现得我行我素。

在德鲁克看来，这样的人即使技术再好、能力再强，也是不容易对其实施管理的，而从长远来看，这样的员工也会给企业发展带来不利影响。

后经过打听，德鲁克弄清楚了这名员工的住址，并准备登门拜访。对此，很多人都劝德鲁克最好不要去（在这些人看来，他不会见德鲁克），但德鲁克还是去了。

老员工家里有一个3岁的女儿，那天去拜访他时，德鲁克看到员工的女儿正坐在地板上画画。

于是，德鲁克对这名员工说："小家伙真可爱，我能教她画画吗？"起初，这名员工不愿意，但德鲁克的好态度最终还是使他答应了。

于是，德鲁克蹲在地板上教这名员工的女儿画画。画完后，这名员工说了一句："请你把画完的老虎放在窗台上吧。"

德鲁克听了这句话感觉非常奇怪，他认为将老虎画放在窗台上特别不好看，但这名员工说："这样做是为了驱邪，还可以带来好运。很多朋友都说这间屋子里有邪气，需要用猛兽来辟邪。"

此时的德鲁克感觉更加奇怪，他心想：这个技术过硬的老员工竟然很迷信。为了让老员工袒露心声，德鲁克和他攀谈起来。在沟通的过程中，德鲁克得知，这名员工的妻子在一年前病逝了，他面对这一家庭变故感到不知所措。

在这种情况下，他含辛茹苦地带着年幼的孩子，还得承受工作方面遇到的巨大压力，所以情绪波动比较大，脾气也非常急躁。

在接下来的沟通中，德鲁克继续用平和的语气询问这名员工为何在工作中我行我素。

这名员工将和其他员工意见不统一、其他人对他存有偏见等情况告诉了德鲁克，而德鲁克对其话语进行了分析，认为这名员工不愿意和其他人合作的根本原因是双方之间存在一定的意见分歧。

意识到这一点后，德鲁克知道了管理中要改进的地方。于是在之后的管理中，他通过对员工的定期培训，以及让员工之间进行充分沟通和交流的方式，让其化解了在工作中与其他员工间的分歧，而这也对德鲁克的管理工作产生了良性作用。[1]

从上面的事例可以看出，管理者只要保持耐心，就很容易和员工进行沟通。

相反，那些操之过急的管理者是很难和员工交流成功的。

在德鲁克看来，管理中的耐心沟通最起码的要求就是，要认真倾听。因为在一定情况下，员工很愿意向一个知心人倾诉自己内心不为人知的事情，而这时如果管理者可以做到耐心倾听，双方之间的沟通就等于成功了一半，为之后的管理创造了良好的开端。

假如德鲁克没有耐心地和员工交流，而是表现得过于急躁，那么，他不仅不能成为这名员工信任的人，也不会达到自己管理的目的。

可以说，管理中总是会遇到不同类型的人或事，而管理者的耐心就是彼此间有效沟通、建立良好关系的润滑剂。

其实，耐心地沟通还可以快速拉近员工与管理者的心理距离，有效地增进彼此之间的友谊。

因此，德鲁克一直将有效沟通视为管理的一项重要策略，令其为企业的全局发展提供帮助。

---

[1] 案例摘自李世强著《沟通力就是竞争力》。

事必躬亲，你能够打几个"钉"？

在《卓有成效的管理者》一书中，德鲁克说："最有效的管理是，知道如何将自己的时间集中在一些重要的任务上，比如：企业的战略目标、人事决策、发展方向。"

一个人的精力总归有限，管理者在某方面花费了过多的时间，留给别的事情的时间必定会减少。

按照这一原理，如果企业管理者事必躬亲，那么，他在思考企业战略、人事调整等重要工作上的时间必然会相应减少，这时候，损失将是不可弥补的。

很多企业管理者都是从普通职员一步一步地晋升到管理层的，这样的管理者总是找不到他们认为最能胜任工作的员工，因此只有自己拼命地付出，但结果却往往不尽如人意。因为在他们眼里，下属越来越"无能"。

其实，企业中的绝大多数人都是无可替代的，不要以为你自己能够替所有人完成任务，事实上，每一个人都能完成自己的任务，关键是拥有多大权限。

权力是一种管理的力量，其利用要遵循管理规则。

一个高明的企业管理者知道自己该怎么做——什么时候要收

权,什么时候要放权。很多企业管理者因为对自己的能力过于自信,或者因为对其他人的能力过于不信任,就不给任务和责任的承担者太多的权限——让他们去完成任务,却不给他们完成任务的自由,结果那人在完成任务的过程中处处受制,最后导致任务和责任都难以落到实处。

雪米丽在一家油漆生产企业做了6年普通职员,在这6年中,雪米丽负责的工作只有一项,那就是给油漆罐子贴上商标。

雪米丽对待工作非常认真,总是一丝不苟,即便只是一个贴商标的工作,她也努力做到最好。

可是,她负责的工作实在太不起眼,因此她一直没有受到管理层的注意。

就在雪米丽日复一日地重复着自己的工作之时,命运之神抛出了橄榄枝——企业的总裁发现产品上的标签贴得不一致,总有那么一批产品标签贴得特别端正,而且标签上的塑料薄膜几乎没有脱落的。他决定找出这个认真工作的员工。

总裁将贴标签组的员工全部召集起来,发给他们每人一百个没有贴标签的产品,让他们以最快的速度贴上标签,贴得最快的人有机会和总裁共进午餐。

和公司总裁共进午餐,这是多么大的荣誉啊!

于是,所有人都开始迅速地给自己面前的产品贴标签。

很快就有人第一个贴完了,总裁走到那位员工跟前,拿起贴好标签的产品看了看并摇了摇头,等第二个贴完标签的人站起来之后,总裁走过来拿起贴好标签的产品看了看,又摇了摇头。此后第三个、第四个……直到雪米丽贴完之后,总裁才没有摇头,而是脸上露出了微笑——雪米丽就是他要找的那个人。

自从跟总裁共进午餐之后,雪米丽就成了这家企业的质量督察部的主管。

在走上这一岗位之前,雪米丽先是接受了半年的培训。

上岗之后,雪米丽对待工作非常认真仔细,因为她是做了6年的普通职员才有了今天的职位。

一开始,雪米丽还能勉强信任属下,但是在接连出了几次小岔子之后,雪米丽便开始不放心了,而是亲自参与,几乎事必躬亲。

就这样,一段时间之后,雪米丽负责的部门又接连出了几次事故,因为雪米丽一个人根本干不完本部门所有的工作。

在这种情况下,雪米丽的工作陷入了一种恶性循环,工作越做越多,越做越累,而事故也越来越多。而这一切都是雪米丽不给下属任何权限,什么事情都不放心所造成的。

最后的结果是,雪米丽又回到了她干了6年的贴标签的岗位上,因为总裁告诉她:"一个不懂得放权的企业管理者是不合格的,你最适合的工作就是给产品贴标签。"

企业管理是一门非常不简单的学问,没有任何一个企业管理者敢说,凭借自己一人之力就能管好一个企业。所以,放权就显得非常重要。

管理学界有这样一句名言:"管得好的人往往都是管得少的人。"可见,适当放权不但能够让自己更轻松、更胜任企业的管理岗位,同时也能让企业获得更好的发展势头。

美国诺顿百货公司成立于1963年,业绩在10年中增长了10倍,销售额达到40亿美元，创下了每0.09平方米店面销售额400美元的业绩。这些业绩，正是诺顿公司主动服务和充分授权的企业文化所造就的。

在诺顿，领导者总是站在一线员工的背后，不断支持、主动协助员工去搞好服务工作，而一线员工也用不着层层请示，就可以对一些事情自主决定怎样做。

关于这种大胆授权，诺顿公司明文规定：树立个人和事业的远大目标，诺顿公司的第一原则是，运用自己的良好判断力处理一切。此外再无第二原则。

有了这种授权，一线员工在"说一不二"的退货制中发挥了巨大的作用。如果一线员工没有充分的权力，客户在买到商品之后退货还要向上级请示，那么这家公司也就不能发展成今天的规模。

有一次，诺顿百货的男装部营业员梅萨收到一封来自瑞典制造公司经理的信函，称他在这里买了一件2000美元的衬衫，因误放入热水中洗涤而缩了水，请教梅萨有什么好的专业建议。

梅萨当即拨通了瑞典的国际长途电话，告知那位顾客，可替他免费退换，只需将缩水的衬衫寄来，全部邮寄费用由公司承担。

正是由于这种充分授权，员工在处理问题时可以"自作主张"，并且获得了自己做决定的成就感。而没有了事事请示的打扰，管理者也有了更多的时间来考虑企业的发展问题。

有魅力的领导，不在技能在品格

在德鲁克看来，身为管理者，一定要具备良好的品格。如果管理者没有品格，即便他在其他方面再才华横溢、能力再强，也无法胜任管理工作，更不配领导一个企业前行。

具有这种优秀品质的管理者要求下属一丝不苟，也严格要求自己；他建立高标准，期望下属能够始终维护高标准；他只考虑怎么做才正确，绝不因人而异。

所以，这种管理者也许冷酷，不讨人喜欢，要求严苛，但他培养了很多人才，也因此会比其他人缘好的上司赢得更多尊敬。这种管理者才是最有魅力的。

海尔的张瑞敏曾说过："管理者要是坐下，部下就躺下了。"

优良的示范有最好的说服力。以身作则的目的，就是通过管理者的示范作用，让公司的员工完全遵从公司的规章制度。

2007年，温州商界邀请柳传志去参加商业交流会。

可在交流会的前一天，温州突降暴雨，柳传志乘坐的飞机只好在上海降落，当时温州商界的负责人对柳传志说："您明早再乘机前往交流会现场吧。这样的天气出发太危险了！"

但柳传志担心明天飞机会再次出现延误，便自己做主，找了一辆车，连夜赶往温州。

终于，在第二天早上6点，柳传志到达温州，并按时出现在了会场，温州商界的负责人被柳传志的行为深深感动了。

事后，很多采访者都向柳传志询问此事。

柳传志却笑着答道："诚实守信是联想的文化底蕴，谁都不能破坏它。作为联想的领导者，我只有率先做出表率，我的员工才知道该怎么做。"

在第九届中国企业"未来之星"年会上，柳传志说道："以身作则是说服他人的唯一途径。因此，企业领导者只有以身作则，才能管住员工。"

在联想集团，柳传志曾明确规定："员工的子女通通不允许进入联想集团工作。"

柳传志为什么会做出这样不近人情的规定呢？

他解释道："如今身居联想集团高位的领导者，他们的子女中有80%以上学的都是和计算机有关的专业。如果把这些人安排到公司里来，那么这家企业就真的无法有效区分了。"

为了服众，柳传志做出表率，不仅没有让自己的子女到联想集团工作，对自己的亲戚也是如此要求。

正是在柳传志的影响下，联想集团管理层都打消了引荐子女入职的念头。[①]

企业领导者的表率作用是非常大的。

[①] 案例摘自李世强编著《柳传志人生哲学课》。

如果高层领导做出了破坏制度和规定的事情，就会给下属犯错找到一个绝好的借口。这样一来，企业的内部管理很可能会陷入混乱。

罗曼·罗兰曾说过："人要提高自我修养必须通过自我反思。只有懂得自我反思的人才有资格去影响别人。"

这一道理同样适用于企业领导者，企业领导者只有先管好自己，才能影响员工。

如果领导者放任自己，做事随心所欲，那么员工也会随性而为，这显然是不利于企业发展的。

英国有一句谚语："好人的榜样是看得见的哲理。"

一个优秀的榜样，就像茫茫大海中的灯塔，能为轮船指明前进的方向，使其不至于迷失在海中。

同样，一个管理者如果不能以身作则，为下属树立良好的榜样，往往会导致"上梁不正下梁歪"，使企业走向衰败。所以，管理者首先应该做好自我管理。

商纣王是一个暴虐的君主，建酒池肉林，不顾人民死活；他有很多忠臣，但他听不进忠言，对那些大臣提的意见置若罔闻。他的叔叔比干是一朝老臣，对商朝十分忠心，只因为时常向纣王进言，惹得纣王讨厌，就被挖心了。

还有许多优秀的文臣武将，因为不满纣王所为，被放逐的放逐，杀害的杀害，剩下一些大臣看到商朝无望，纷纷逃离朝歌。商朝本来是国富民强的，但在纣王荒淫无度的统治之下，渐渐衰退了。

而同一时期的周国却在周武王的治理下，越来越强大，终于有了可以和商朝抗衡的兵力。最终，商朝被周所灭，纣王也在鹿台引火自焚而死。

纣王和武王是两种完全不同类型的领导者，他们的个人能力都很强，但在对待人才的态度上却截然相反。纣王宠信佞臣，滥杀忠臣；他看不到人才的价值，反倒信赖奸臣，犯了一个领导者的大忌。而武王作为一个领导者，就十分称职，他看得到真正人才的价值，并善于利用。

如果员工只是一味地受到批评，就很难知道怎样工作才会更加有效。当员工犯错误时，他们更希望看到的是一位能够明确指出自己错误、为自己提供指导和帮助的管理者，而不是一位乱发脾气、严厉呵斥自己的管理者。

荀子《劝学篇》中说："假舆马者，非利足也，而致千里；假舟楫者，非能水也，而绝江河。君子生非异也，善假于物也。"善于驾驭物者，能行驶千里；不善者，势必会中途翻车，无法走远。善于驾驭人的领导者大多能够大展宏图，例如三国的刘备、唐朝的李世民等，这样的例子不胜枚举。

有能力的人很多，但是能成为领导者的人却很少，因为如果缺乏优秀的品格，即使他的能力再出色，人们对他的印象也会大打折扣，他的威信和影响力也会受到影响。所以德鲁克再三强调，领袖魅力来源于工作能力和个人品格。

Part 9

时间管理：给时间下个定义，做事才会高效

先把时间管理好，再安排其他事务

德鲁克认为，卓有成效的管理者非常注意管理自己的时间。

企业要想在这个充满竞争的社会生存，如果整天闭门造车，对竞争对手和整个市场的情况不了解，就绝对不会获得长足发展，因为有竞争才能促进发展。

德鲁克得出这样的结论：时间正是竞争的有力保障，拥有更多的时间就意味着拥有更多的机会。

越来越多的管理者都已经参透，时间管理是事业成功和企业发展的关键。个人和团队能否在自己的职业生涯中取得成功，关键之一就在于能否管理好时间。

在国外，很早就出现了时间管理学，到如今，已经发展到了很高的水平。身为管理者，能够规划好自己的时间，就是最高层次的管理。

在美国企业界，摩根绝对是能让时间发挥最大效能的企业家之一。

走进摩根的办公室，你能明显感受到不同——这里和其他人的办公室是连着的。

摩根这样做不是为了更好地监督员工，而是为了节省时间，因为办公室相通之后，经理们有什么事需要请示，能够很快走到摩根的办公室告诉他，而不是像别的管理者一样，让经理们进自己的办公室之前要先拐几道弯、敲几道门。

摩根与人会面的时候，会直截了当地问对方有什么事情要处理，他一般只说几句话。

他的经理们全都知道他的作风，因此，在向他做汇报的时候，都会简明扼要地说明问题。

工作时间，他与人聊天的时间一般不超过5分钟，如果总统来了，他也可能一样对待。

最绝的是，摩根有着惊人的洞察力，经常能立即判断出来人找他的真实意图，然后很干脆地告诉对方处理的办法及其步骤。

他之所以这样做，就是为了把相关时间节省下来，以便高效地利用。

当然，他的这种珍惜时间的作风也让周围的人感到不愉快，可是对摩根这样的巨商来说，有时间赚钱比任何问题都重要。

在犹太人的赚钱智慧里，时间就等同于金钱，因为他们认为，时间和商品一样，盗窃了时间，就等于盗窃了商品，也就是盗窃了金钱。

歌德曾说："我们都拥有足够的时间，只是要善加利用。一个人如果不能有效地利用有限的时间，就会成为时间的俘虏，成为时间的弱者。一旦在时间面前成为弱者，他将永远是一个弱者。因为放弃时间的人，同样也会被时间放弃。"

对于管理者来讲，只有高效地利用自己的时间，工作才能卓有成效。

德鲁克提出，所谓恰当的时间管理，就是在最短的时间内，把事情做到最好。若你不知道这意味着什么，那么下面我们将通过德鲁克整理的一组出自美国的数据，来看看时间都去哪儿了。

美国的有关部门曾做过的一个调查显示，人们基本上每8分钟左右就会受到外界的一次干扰，每天大约会受到50~60次的干扰，每次大约5分钟。这样，一天受外界干扰的时间就在4~5小时左右。

这些干扰大多是没有意义的。但如果我们能够每天抽出1个小时自学，一周学习7个小时，一年学习365个小时，在3~5年后，我们就会成为某个领域的专家。

相信大多数人都有这样的经验：如果我们每天只安排一件事，大多数时候，这件事情都能完成；哪怕是两件事，也基本可以完成；但若是安排了十几件事，到最后会发现大多数都无法完成，而且自己会很劳累。

看到上面这些数字，你是否很震惊？

这就是善于利用时间的人和不善于利用时间的人的差别。善于利用时间的人，从来不会把时间浪费在"需要"做的事情上，而会把所有注意力放在"值得"去做的事情上。这是值得我们每个人学习的。

德鲁克说："卓有成效的管理者懂得——要想使用好自己的时间，首先必须知道自己的时间实际上是怎样被花掉的。"

你如果不知道自己的时间是否被无缘无故地浪费掉，那么，让德鲁克带我们来做一个关于时间管理的测试：

下面的每个问题，请你按照自己的实际情况如实评分。

计分方式为：选择"从不"计0分，选择"有时"计1分，选择"经常"计2分，选择"总是"计3分。

（1）在每天开始工作之前，我能为要做的工作计划做准备。

（2）凡是能交给下属做的工作，我都把任务交了出去。

（3）我制作并利用工作进度表来对工作任务与目标进行书面规定。

（4）我的日程表通常留有回旋余地，以便应对可能出现的突发事件。

（5）我尽量一次性地处理完每份文件。

（6）我在工作时尽量回避造成干扰的电话、不速之客的来访以及突然提出的约会。

（7）我试着按照自身生理节律曲线来安排工作。

（8）我每天都列出一个应办事项清单，按重要程度来排序，依次处理。

（9）当其他人想占用我的时间，而我又必须处理相对来说更重要的事情时，我会直接说"不"。

结论：

0~12分：你没有时间规划这个概念，总是让别人牵着鼻子走。

13~17分：你曾经试图掌握自己的时间，却不能坚持到底。

18~22分：你的时间管理状况基本良好。

23~27分：你是值得别人学习的时间管理典范。

调查表明：一个效率低下的人与一个效率高效的人，会有10分以上的差距。

因此，要想成功，就必须掌握时间管理的方法。

时间也分先后,把重要的事情放前面

合理地利用时间是每一位管理者追求的目标,但是要怎样利用时间才算合理呢?

德鲁克说,有效的工作者大多不会一开始就直接着手工作,而是会先进行合理的时间安排。

目前正流行的是"第三代时间管理"[1],依据轻重缓急设定短、中、长期目标,再逐日制订实现目标的计划,将有限的时间、精力加以分配,争取最高的效率。

柯维说,分辨轻重缓急与培养组织能力,是时间管理的精髓所在。

在我们所经手的许多事情中,决定工作成效的往往是其中的一两件,所以,花费时间,把这一两件事情做好就显得异常关键。

一家公司为了提高开会的效率,买了一个闹钟,开会时每个人只准发言6分钟,时间一到,闹钟就会响起来。

这个措施大大提高了开会的效率,为了能在6分钟内把自己的

---

[1] 第一代理论着重利用便条与备忘录,在忙碌中调配时间与精力。第二代理论强调行事历与日程表,反映出时间管理已注意到规划未来的重要。

看法表达清楚，每个发言人都不会讲废话。

同样，还有一个例子：

杰克身为一家公司的董事长，是一个管理时间的高手。

他每天清晨7点钟准时来到办公室，先是默读半个小时的书籍，然后便思考本年度内必须完成的重要工作，以及所需采取的措施和必要的制度。

接着，他开始考虑一周的工作，这个步骤必不可少。

他把本周内所要做的事情一一列在黑板上，此后就在餐厅与秘书一起喝咖啡时，把这些考虑好的事情和秘书一起商量，然后做出决定，由秘书具体操办。

正是依靠这种时间管理法，杰克极大地提高了自己的工作效率，推动了企业整体绩效的提高。

德鲁克说，如果你想获得更大的成就，而不是成为一个庸庸碌碌的人，你就需要抛开那些低价值的活动，将你的时间花在高价值的活动，即那些真正能给你的生命带来成功和喜悦的事情上。

时间不因人的叹息而停留，也不因人的感慨而驻足，但是却因人在努力抓住它而产生最大的效益。

很多管理者总是从早忙到晚，甚至经常加班加点，表面上看，他们好像很努力，很会利用时间，但事实上有些人工作绩效并不突出，有的工作效率还相当低。

这是为什么？就是因为他们每天都在瞎忙。

把时间留给最重要的事情，而不是瞎忙，要高效率地利用时间，使每一分、每一秒都产生最大的效益。

效率大师艾维利曾经在向美国一家钢铁公司提供咨询服务时，提出一个时间管理的方法。

这个方法使这家公司用 5 年的时间，从濒临破产一跃成为当时全美最大的私营钢铁企业，艾维利也因此获得了 2.5 万美元咨询费，因此管理界将这个方法比喻为"价值 2.5 万美元的时间管理方法"。

它要求管理者把每天所要做的事情按重要性排序，分别从"1"到"6"标出 6 件最重要的事情。每天的工作一开始，就先全力以赴做好标号为"1"的事情，直到它被完成或被完全准备好，然后继续全力以赴地做标号为"2"的事，以此类推……

为什么是"1"到"6"呢？艾维利认为，一般情况下，如果一个人每天都能全力以赴地完成 6 件最重要的大事，那么，他一定是一位高效率人士。

成为一个高效率的管理者有多难？只需要辨别什么事情是"1"，你也可以成功地掌握高效"魔法"。

首先我们应当对要做的事情分清轻重缓急，也就是四个区间——重要且紧急的必须立刻做的影响企业发展的事情；重要但不紧急的影响企业发展进程的事情；紧急但不重要的无关大局的事情；既不紧急也不重要的琐事。

德鲁克认为："（卓有成效的管理者）要有足够的勇气，要敢于根据自己的分析和认识安排工作的先后次序。只有这样，管理者才有希望成为时间和任务的主宰，而不只是当它们的奴隶。"

小陈曾是一名学习成绩很不错的学生，老师们都对他寄予厚望。果然，高考时，他不负众望地考取了一所名牌大学。

然而就在接到录取通知书的时候，小陈退缩了。

因为在他们那个贫穷的村落，他的家庭勉强能够维持温饱。那笔昂贵的入学费用以及上学后每月高额的生活费，是那个贫困的家庭无力承担的。

即使家里举债支付了入学费用，他也不想以贫穷和落后的姿态走进学校。最终，他决定南下打工一年，等挣足了学费再重新考大学。

这个提议显然被所有人反对。但小陈谢绝了所有人的劝告，背起简单的行李毅然南下。

在打工的第一年里，他拼命地挣钱，省吃俭用，终于如愿以偿挣足了学费，然而他想再坚持一年，多挣一些钱，让自己能生活得更好些，也能给家里留下一些积蓄。

于是第二年，他更加努力，结果不到半年就完成了自己一年的任务。受到激励的他感觉自己是经商天才，于是更加努力地工作。

等到第三年，当他以一个富有者的姿态回到家乡，坐在教室里准备重圆大学梦时，却发现原先熟悉的课本知识已变得陌生，随着教育的改革和发展，自己原本尖子生的优势已尽失。

半年后，他只得失败地离去。

时间是不能停顿的，生命的顺序也是不可调整的，如果我们用今天的时间去做明天的事，那今天的事情就会被搁置，而且失去的远远不止一天，也许一生的进程都将被打乱。

德鲁克指出，很多时候我们的失败源于操之过急，要知道，把手头的工作做好是迈向成功的第一步。

在记录、分析、安排出可以做事的时间之后，接下来需要做的，就是做出成果和有所贡献。

德鲁克认为，高效能的秘诀就是专注。换言之，重要的事情摆在第一位，而且一个时间段内只做一件事。

只做一件事意味着有可能迅速完成任务，而越能集中时间、心力和资源去完成每一件事，最后完成的任务就会越多。德鲁克指出，找出优先完成的事项其实很容易，许多人之所以无法专注，困难便在于找出哪些是次要的事，亦即决定什么事先不要做。

到了执行的阶段，决定事情该做与否，需要的不是分析，而是勇气，而这种专心致志和决心，就是领导力的表现。

对于时间管理，德鲁克也早已发出警语："时间是最稀有的资源，除非能够管好时间，否则无法做好任何事情。"

时间管理是一个管理者的首要任务。德鲁克告诉我们："这是一项可以学习的纪律，只要我们开始分析自己的时间，做真正重要的事，而且有说'不'的勇气。"

如果我们不能很好地把握住"轻重缓急"的区分方法，很多"重要但不紧急"的事情就会被积压得越来越多，最后都演变成了"重要而紧急"的事情，那么我们忙得团团转也不见得能把事情做好。

所以，计划时间的时候要分清楚事情的轻重缓急，必须先找出需要做的事情，专心致志地逐一完成每件事，尽可能做好从"1"到"6"的事情。

只有分清了轻重缓急，管理者才能更好地利用时间，为员工进一步合理地安排任务，才不会被时间左右了工作。

时间如此宝贵，不能虚度任何一秒

德鲁克说，成功人士的身心都放在一件事上，即无时无刻不在思考着如何能将它做得更好；而大多数普通人每天都无时无刻不在浪费着时间，想着怎么能让时间过得更快些。

现代职场中，很多企业领导者对时间概念非常模糊。德鲁克认为，时间就是成本，无论是作为职场新人还是作为企业管理者，都应该增强时间观念，不虚度光阴。

古人云："一寸光阴一寸金，寸金难买寸光阴。"可以说，时间就是生命。浪费时间就是浪费生命，主宰时间就是主宰生命。

年轻的阿曼德·哈默正是因为不虚度光阴，才取得了举世瞩目的成就。

他19岁时，父亲患了重病，就将与别人合办且面临倒闭的公司交给他经营。

阿曼德·哈默当时还是大学一年级的学生。

如何将这样一家即将倒闭的公司扭亏为盈，是摆在阿曼德·哈默面前的一个重大挑战。

平时，除了上学，阿曼德·哈默需要去上班。于是，他请了一个同学替他在课堂上做好笔记，供他晚上工作回来后学习。

这样，他既可以把有限的精力和时间放在学习上，又能不受约束地去经营公司。

由于他经营有方，公司迅速走出了亏损境地，效益出奇地好。

由于善于管理时间，不虚度每一秒钟，阿曼德·哈默在学习上也取得了惊人的成绩。

22岁那年，他的公司纯利润就超过了100万美元，他成了一名年轻的百万富翁。

同时，他还顺利地修满了医学学士所需的学分，获得了哥伦比亚大学医学学士学位。

阿曼德·哈默之所以能够如此高效，完全得益于他高超的时间管理艺术——善于珍惜时间、利用时间。

时间的重要性是如此突出，只有不虚度光阴、善于利用时间、珍惜时间的人才能更加接近成功。

但每个人每天只有24小时，怎样才能胜人一筹呢？具体到工作中，我们怎样才能做到不虚度每一秒呢？你可以参考以下做法：

1. 合理安排时间

时间对每个人都是公平的。在同样的时间里，有的人可以高效地完成工作，原因就在于他们会合理安排。

2. 分清次序

按照事情的轻重缓急安排时间，并确定依次处理事情的方式。

3. 制订第二天的工作计划

在准确地制定目标之后就该制订时间计划了。

4. 留有计划外的时间

不要把一天的时间安排得满满的,否则,一旦出现不可预料的状况,就有可能打乱全部日程。

立刻执行，是最高效的时间管理

德鲁克认为，无论时代怎样变化，也无论企业需要怎样的变革，身为管理者，在任何时候都要学会管理自己的时间。

换句话说，真正卓有成效的管理者是不会拖延时间的，因为拖延是高效率的大敌。

思考一下，你在工作中是否有这样的习惯——本来这个事情应该今天做，但一不小心就拖到了第二天。

其实，我们要想解决问题，只有一个方法——马上行动，一分钟也不要推迟。

德鲁克说，有时候即使只推迟了一分钟，好事也可能变成坏事。工作效率高的人的秘诀就是，该解决的问题立即解决。在工作中，每一分钟都非常重要。拖延时间，只会使我们在"现在"这个时期更加懦弱，并寄希望于幻想。拖延一分钟，也并不能节省时间和精力，反而会使你心力交瘁，甚至失去工作机会。

约翰·丹尼斯曾说："拖延时间常常是少数员工逃避现实、自欺欺人的表现。然而，无论我们是否在拖延时间，我们的工作都必须由我们自己去完成。暂时逃避现实，从暂时的遗忘中获得片刻的轻松，并不是根本的解决之道。要知道，因为拖延或者其他因素而导致工作业绩下滑的员工,就是公司裁员的对象。"

小李是某咨询公司的经理,同时兼任很多公司的顾问。

一次,他与某大型企业高级经理一起研究企业组织结构再造的问题。

他们发现,在立项初期,该企业各项准备工作都做得不错。

小李看到后也很满意,于是,他放心地离开了该企业。

但令人失望的是,6个月后,当小李再次来到那个企业时,看到的还是以前的面貌。

从总裁到工人,没有一个人按原计划行事。

问及原因,经理解释说:"太忙,其他事情插上来了。"

小李不禁摇头苦笑,对经理说:"其实,这些都不是原因。如果抓紧时间,相信现在绝不会是这样的状况。"

一家大企业竟然如此做事,可见不能将责任落实有多么大的危害。

阿辉、阿城是大学同学,毕业后,他们两个同时被一家公司聘为产品工艺设计员。

起初,公司给他们的月薪是很低的。

阿辉对低薪感到愤愤不平。为此,他经常推卸责任,根本没有把工作放在心上。

他养成了拖拉的坏习惯,办事效率极为低下。

阿城则不同。

他虽然对低薪也感到不满,但并未一味地抱怨。

他坚信，机会来自于汗水，一分耕耘一分收获，今天的努力，定能换来明天的收获。

他的勤奋努力很快引起了厂长的注意，不久，阿城就被提拔为厂长助理，而阿辉因为对工作总是一拖再拖，最后被公司解雇了。

一个拖延，一个高效，导致两个人的工作结果和在单位的结局的不同。

社会学家库尔特·卢因曾经提出一个概念，叫作"力量分析"。他描述了阻力和动力这两种力量。

他说，有些人一生就是被拖延的坏习惯束缚住了前进的手脚；有些人则是一路踩着油门呼啸前进。可以说，他的这一分析同样适用于工作。

如果你希望自己在职场中能更好地发展，就应该告别拖延，在规定的时间内把应该做的工作做好。

有效地实施自我时间管理

作为管理者,你是否有这样的感觉:

总觉得最近的工作有点力不从心,似乎每天都有做不完的事情;

工作一件接着一件,总是在替昨天还债;

规定的时间内没有完成的工作只能通过加班来完成;

长期加班导致的疲惫又带来了效率低下,接下来又是加班……

你的工作总是处于恶性循环的状态。

德鲁克指出,从长远的角度来讲,延长工作时间并不是改善工作效率的正确方法。

时间管理的失误,归根结底是不懂得有效地利用时间,而导致时间使用效率下降。不如试着划分完整的时间区块。德鲁克用这样一个例子来说明:

某富翁有一幢豪华的别墅,从他住进去的那天起,每天总有个人从他的院子里扛走一只箱子。于是,他决定去追那个人。

他发现,那人把箱子扔进了山谷。

他问那人:"你从我家扛走很多箱子,那些箱子里装的是什么?"

那人微笑着回答:"这些箱子里面装的都是你不经意间失去的

时间。"

富豪感到好奇，顺手打开了一只箱子。

第一只箱子里是一条弯曲的道路，他的母亲在路的尽头静静站立着，像是期盼着什么。

第二只箱子里面是一间病房，他的妻子奄奄一息地躺在病床上。

第三只箱子是关于他的故乡的，他童年的伙伴都已经老去……

富豪感到非常难过。

他痛苦地问："请让我取回这些箱子，我有钱，你要多少都行……"

那人摇摇头："时间是不能重来的。"言罢，和箱子一起消失了。

德鲁克说："（一个人如果）不能管理时间，便什么也不能管理。"

时间和任何东西一样，如果你丢掉一部分，只留下你认为有用的，那么一定也会失去很重要的部分。

而时间与其他事物又不同，因为它不能被找回来。

在时间的问题上，德鲁克列举了有名的"三八"理论来为我们说明：

每天有24小时，平均分下来，我们用8小时睡觉，用8小时来工作或学习，最后用8小时来处理琐事。

工作或休息的时间，几乎人人一样，不同的是，剩余的8小时怎么度过。只有那些善于利用时间的人才会取得成功。

许多人在处理日常事务时，完全不考虑收益。在这些人眼中，每个任务都是一样的，只要时间被填满，他们就觉得满足。另外，人们都愿意做有趣的事情，而不去理会乏味的事情。

德鲁克这样指导管理者，如果想活得有质量，那么在确定每一天具体做什么之前，都要问自己三个问题：

（1）我需要做什么？明确知道什么是非做不可的，而且必须亲自做的事情。

（2）做什么才能给我最高回报？

（3）哪一件高回报的事情能给我最大的满足感？

不要忽略激励的作用，能给自己带来最高回报的事情中，请优先安排那些能给自己带来满足感的事情，通过这种精神上的满足达到激励自己的目的。

"如何有效地实施自我时间管理"是现代企业中管理者面对的重要课题。

时间管理实际上就是自我管理，卓有成效的管理者既有效率（把事情很快地做完），又有效能（把事情做对）。

遵循上一节中介绍的方法，将所有的待办事项按照急迫与重要程度划分为"不紧急但重要""紧急且重要""紧急但不重要"和"不紧急也不重要"四类。

判断自己的时间分配是否合理的方法就是，检查自己分配在"不紧急但重要"事情上的时间有多少。

德鲁克指出，我们在开展工作前所做的，无论是记录和分析时间，还是排除不重要与浪费时间的活动，都是为了拿出更多时间从事更重要、更有贡献的工作。

企业管理者真正可以自由支配且可用来从事重要事务的时间很少，甚至只占工作时间的四分之一。

组织规模愈大，用于维持团队合作和运作的时间就愈长，用于从事有生产力的活动的时间就愈短。

因此，管理者管理时间的最后一个步骤就是，找出一段完整的时间，专心地完成重要的事。

为了有更多的时间处理工作，很多企业管理者会选择牺牲节假日在家工作。

而德鲁克认为，早起工作比把工作带回家做更有效率。

正因为时间对于任何人都是相同的，谁也无法获得比别人更多的时间，因此提高效率的唯一办法就是充分地利用时间。

德鲁克指出，一个管理者会不会利用时间，关键就在于他会不会制订适合自己的、完善合理的工作计划。

而对于这一环节，在实际工作中很多人都没有注意到或直接忽略了。

有一些管理者虽然制订了工作计划，但只是把制订计划当成一项工作任务去对待，而并不是为了更有效地指导工作。制订出来的计划很大程度上可能没有经过仔细思考，缺乏实际指导意义。

德鲁克还强调，即便注意到这个环节，但没有认真对待，或者没有足够重视它，也是时间管理失败的原因之一。

所谓制订工作计划，就是填写自己和企业的工作安排时间表，明确什么时间做什么事、这些事的既定目标是什么、按照什么顺序做、哪些事是重点、每件事大约需要多久、规定的目标要何时达到，等等。

中层管理者需要清楚的是，有计划地利用工作时间并不是要求把工作时间全部填满，而是合理地安排最主要的工作、解决最关键的问题。

企业内部的工作通常有很强的关联性，只要这些工作和问题安排处理得适当，就会促使其他的事情按时完成。因此，他认为，真正会利用时间的管理者，会用一定的时间去周密地考虑工作计划，确定正确完成工作目标的手段和方法，安排好完成目标的进程及步骤。

他们不但在一个周期的工作开始前这样制订计划，在动手做每件事之前也会这样做。大目标有大计划，小工作则有小安排。每件事情都有符合具体情况的计划和安排，只要顺着这个轨迹，事情就能按部就班地完成。

改正身上的坏习惯，提高工作效率与执行力

德鲁克说，在工作中，有四种坏习惯最可怕，它们会让一个人对时间管理无序，而且会加强身上的拖延症。

但如果你能够克服，不仅会使你的工作变得生动有趣，还可以提高你的工作效率。这四种坏习惯如下所述：

1. 办公桌上杂乱无章，严重影响解决问题的效率

你的办公桌上是不是杂乱无章，堆满了各种信件、报告和备忘录？

当看到自己乱糟糟的桌子时，你是不是会紧张地想：我还有什么工作没有完成？怎么看起来我有这么多没有完成的工作？

你是不是会因此而感到焦虑，从而对工作产生了厌倦？

心理治疗专家威廉·桑德尔博士就遇到过这样的病人。

这位病人是芝加哥一家公司的高级主管。

他刚到桑德尔博士的诊所时，看上去满脸焦虑。他告诉桑德尔博士自己的工作压力实在是太大了，每天总有做不完的事情，无可奈何的是自己又不能辞职。

桑德尔博士听完他的一席话，指着自己的办公桌说："看看我的桌子，你发现了什么？"

这位主管顺着桑德尔博士的手指看去，回答道："比起我的办公桌，你的实在是太干净了。"

桑德尔博士听了他的话，微微笑道："是啊，你可以试一试我的方法。"

那位主管一脸疑惑地看着桑德尔博士。

过了3个月，桑德尔博士接到了那位主管的电话。

在电话里，那位主管非常高兴，他对桑德尔博士说："现在，我的桌子也和你的一样干净了。"

就这样，桑德尔博士治愈了这位高级主管的焦虑症。

诗人波布曾写过这样的话："秩序，乃是天国的第一条法则。"

芝加哥西北铁路公司的董事长罗南·威廉说："我把处理桌子上堆积如山的文件称为料理家务。如果你能把办公桌收拾得井井有条，你将会发现工作其实很简单，而这也是提高工作效率的第一步。"

看看自己的办公桌，如果文件堆积如山，那就开始清理它吧。

2. 工作中分不清事情的轻重缓急

企业家亨瑞·杜哈提说，如果一个人同时具备了两种才能，不论开出多少薪水，他都愿意聘请。

这两种才能是：（1）善于思考；（2）能分清事情的轻重缓急。

查尔斯·鲁克曼在12年内，从一个默默无闻的人，一跃成为公司的董事长。

他说这都归功于他具有的两种能力：(1)善于思考；(2)能按事情的重要程度安排做事的先后顺序。

查尔斯·鲁克曼说："我每天都会在5点钟起床，因为此刻正是思维活跃、清晰的时候。在这个时候，我可以就我近期的工作进行一些规划，排出事情的重要程度，以便安排自己的工作。"

3. 不能果断处理问题，导致问题总是处于悬而未决的状态

霍华德说，在他担任美国钢铁公司董事期间，董事们总要开很长时间的会议。

因为，会议期间要讨论很多议题，但大部分议题却无法达成共识。

其结果是，工作效率无法提高，而董事们的工作量又十分繁重——会后，每位董事都要抱上一大堆报表回家继续工作。

针对这种毫无效率的工作方式，霍华德先生向董事会提出了自己的建议——每次开会只讨论一个问题，而且必须做出决定。

霍华德说，虽然这个做法也有弊端，但总比悬而未决、一直拖延来得要好。

最终，董事会采纳了他的建议。

霍华德先生说，很快，那些积累了很长时间的问题就得到了解决。

不得不说，这确实是一个提高工作效率的好方法，值得我们借鉴。

4. 喜欢大包大揽，不相信自己的部下或者同事

德鲁克指出，很多人都有这种工作习惯，所有事都喜欢亲力亲为。

结果，他们总是被那些琐碎的事情纠缠得筋疲力尽，无法享受自己辛苦打拼来的幸福生活。

这种现象在很多领域都普遍存在。人们总是不放心其他人，担心他们会把事情搞砸。于是，他们不得不硬着头皮处理那些在工作中出现的细微事情。

要试着相信他人，将自己手中的工作分一部分交给他人来完成，而这对于一个责任感太重的人来说也是不容易的。

如果一个人没有能力承担你交给他的工作，那么必将影响到你的相关工作，进而损害你的声誉。

可是，如果我们要摆脱终日紧张的工作状态，就必须学会分权，学会量才而用。

将那些无关大局的琐碎工作交给他人，你不仅会提高自己的工作效率，还会真正体会到工作的乐趣。试一试吧！

我在上面列出了在工作中容易养成的四个坏习惯。

要想告别拖延症，提升执行力，就请检查一下自己在工作中是否存在上述那些坏习惯。如果有，请马上改正。只有这样，你才会懂得如何管理时间，如何提高效率，以及如何增强自己的执行力。

Part 10

自我管理：
你有怎样的修养，就有怎样的高度

不断学习，是做好管理的基础

现在是一个知识大爆炸的时代，如果不学习，你就会落伍。

只有多学习，并大胆地借鉴前人的经验，企业管理者才能为个人或企业的发展寻找到一个个解决困难、走出困境的方法。

因此，学习不仅是解决企业重重问题的指明灯，也是企业打开财富宝藏的金钥匙。

企业管理者是企业的战略发动机，如果管理者连战略眼光都没有，又怎么为企业制定符合实际又有指导意义的战略呢？

不断学习就是提高自己战略眼光的途径之一。

瞿虹是湖北"首届十佳职场魅力女性"之一，也是湖北对外服务有限公司的总经理。她本人就是终身学习的践行者。

她在华中科技大学读完经济学研究生后，又到武汉大学在职高级工商管理硕士研修班进行深造。

同样，武汉销品茂总经理刘焕来、副总经理周利群，虽早已从清华大学在职高级工商管理硕士研修班毕业，但仍旧逢相关课必听。

清华大学清远教育中心的统计数据显示，短短半年时间，30名已毕业的总裁级别的学员纷纷续办学员卡。

凭借此卡,他们可以自由参加中心每月一次的高级工商管理论坛活动。

德鲁克强调,我们正处在一个高速发展的时代,而这个时代是多变的。

身处这样一个时代,管理者就要不断学习,认清时代中的机遇,并学会与时代赛跑。

在过去的十几年中,我们最重要的认识就是——终于明白了受教育不仅仅是在学校需要做的事情,更是必须持续一生的事情。变化首先来自市场。

从德鲁克本身来看,他的一生就是一个很好的例子。

1937年移居美国后,他开始了一边教书一边写作的生涯。仅仅一年后,他就在美国出版了他的第一本著作《经济人的末日》。

在随后的多年里,德鲁克几乎每隔两年就会出版一本著作,而他著作的主题始终是关于经济和企业管理的理论。

但他的管理学理论并非凭空想象出来的,因为他的一生,始终都处在教书、写作和学习中。

那么,德鲁克的理论究竟是从哪里来的呢?

答案是显而易见的——读书。

德鲁克用别人无法想象的毅力读完了前人留下的经济和企业管理方面的许多种著作,同时对美国的资本主义形态和美国经济的运行体制进行了透彻地研究和分析。

1942年,他又受聘于全球最大的企业之一——美国通用电气公司,成为一名顾问。

自此，他开始了对世界大型企业内部管理的研究和分析。

1946年，他根据自己在通用公司的调研心得写出了《公司的概念》这本书，首次提出了"管理学"这一概念。

德鲁克认为，管理是一门学科，不应该把它与其他任何一门学科混淆在一起。从此，管理学正式成为一门学科。

德鲁克的这一富有战略性的做法，可以说翻开了管理学的新篇章。而他在借鉴前人留下的宝贵经验的同时，又提出了一个既属于自己又属于整个人类的管理学体系。

无疑，这一切都是德鲁克努力学习与利用前人的经验，然后勇于探索的结果。

为了充实和完善自己的管理学理论体系，在随后的多年里，德鲁克又对美国电报电话公司、惠普、微软等世界500强企业进行了更为深入地研究，并于1954年出版了他的另一本重要著作——《管理的实践》。

在这本书中，他首次提出了"目标管理"这一划时代的概念，从而为很多企业管理者提供了一个控制企业目标与成就的理论。

英特尔的前CEO安迪·格鲁夫与微软的前总裁比尔·盖茨都深受德鲁克管理理念的影响。

特别是盖茨，他在哈佛读大学期间，就曾信誓旦旦地告诉自己的老师，自己在30岁的时候会成为一名亿万富翁。果然盖茨在31岁时成为真正的亿万富翁。

盖茨的预言绝不是凭空的想象，而是他对自己的人生实施目标管理后的一种理性推测。

因为早在17岁时，盖茨就向他的一位中学老师卖出了自己平生第一个电脑编程作品——一个时间表格系统。

盖茨与那位中学老师的成交价是4200美元。可以说，这在当时是一笔不小的财富。

在德鲁克的这种目标管理理论影响下，盖茨在哈佛大学读书期间就参与编写了Altair BASIC，这套系统后来成为Microsoft，这也是微软的第一款产品。

Altair BASIC是当时盖茨、保罗·艾伦和蒙特·达维多夫一起编写出来的，并不是他自己的发明。而且，Altair BASIC是基于1974年英特尔研发出的8位微处理器8080发展出来的。只不过，当时是在只有4K存储的PDP-10计算机上编译出来的。

盖茨三人的这一做法，就像是当年德鲁克将管理学作为一门独立学科单独剥离出来一样，通过自己的学习和理解，对前人的理论进行拓展性地改良与发展，从而拥有了属于自己的产品。

后来，当盖茨得知国际商业机器有限公司正在寻找一款新的操作系统时，就从他的一位同学手里买下了对方刚刚编写出来的一款新的操作系统，并把它转手以更高的价格卖了出去。

这本来是一种纯粹的商业行为，可盖茨还留了个心眼儿——买方国际商业机器有限公司不能独享这个系统。

可以说，盖茨的这一做法，给他的微软带来了意想不到的收获。

因为，他花了几十美元从大学同学那里买来的那个操作系统，正是DOS操作系统。在后来的日子里，盖茨和他的微软公司正是在DOS操作系统的基础上，经过反复研究和改良，推出了全新的操作系统——MS-DOS，从此盖茨便开启了他的微软时代。

其实，不仅是德鲁克和盖茨，包括后来谷歌的创始人谢尔盖·布林和拉里·佩奇等人，都是在学习和钻研中慢慢成长起来的，并创造出了属于自己的惊人成绩和财富。

由此可见，只有努力学习，并在学习中继承那些优秀的文明成果，才能不断前进和发展，成就伟大的事业。

不过，对于管理者而言，时间也就是金钱。

如果没有从自己的实际出发，那么不但充电不成，还浪费了自己宝贵的时间。

对于大型企业高层来说，宜以战略修养为重点。

当企业达到一定规模的时候，就会对管理者提出更高的要求。

北大光华管理学院院长助理何志毅教授认为："企业管理人员本身对企业的经营管理负责，不但需要有很好的实践经验，还需要掌握系统的管理知识，需要具备国际视野和战略眼光。"

此时的企业管理者应着眼于战略规划、竞争优势、提高商业洞察力，所以，这类管理者应该选择战略修养作为自己的充电内容。

对中层管理者来说，则重在操作性。

一般来说，中层管理者都是从业务骨干中提拔起来的，这些人身兼决策及实施职能，但在系统的管理知识和科学的分析方法方面有所欠缺。

那么，这类管理者就应该选择在管理方面具有操作性的内容作为自己的充电内容，以求系统而全面地掌握现代管理学的基本概念、管理的基本原则，以及实用的管理方法、技巧和应用工具，使得企业管理团队对现代企业管理规则有正确和统一的认识，真正领会管理的精髓。

理论与实践，永远是一对孪生兄弟

人是有惰性的，管理者也不例外，尤其是在安逸舒适的环境中。

德鲁克说过："一般来说，管理者普遍才智较高，想象力丰富，并具有很高的知识水准。但一个人的有效性与他的智力、想象力或知识之间几乎没有太大的关联。他们不知道，一个人的才能，只有通过有条理、有系统的工作，才有可能产生效益。"

德鲁克认为，很多优秀的企业管理者之所以成就了非凡的事业，很多时候并不是因为他们在企业管理方面有多么卓越的才能，关键是在实践过程中不断积累起来的经营与管理的经验。

换句话说，并不是所有的事情，只要自己开枪就会打中目标。从某种程度上来讲，学得再好，如果无法运用到实践中，也是枉然。

理论和实践就像一对孪生兄弟，二者完美契合，一个人或一家企业才会走向成功。

德鲁克的管理学理论是他学习广泛的相关理论知识、长时间研究通用电气等大型公司之后，才得出的。

所以，他的著作一经问世便得到了众多企业管理者的追捧。

但真想将德鲁克的理论知识化为财富,就必须像韦尔奇、比尔·盖茨等企业家一样去付诸实践,因为实践才是检验理念的唯一标准。

乔·吉拉德从来没有经营过自己的企业,但他成名之后,很多大公司盛情邀请他出任管理者,都被他婉言拒绝了。

虽然吉拉德只是一名推销员,但他并不以此介怀,反而为自己所从事的工作感到很荣幸。

事实也证明,没有人因为吉拉德的工作而看低他——他不仅于2001年与丰田的创始人丰田喜一郎、法拉利的创始人恩佐·法拉利等一同入选了汽车名人堂,还创造了汽车销售的吉尼斯世界纪录。

尽管吉拉德的工作只是汽车推销员,和那些执掌企业大权的CEO不可相提并论,但在创造财富的路上,吉拉德却和他们有着相同的管理理念。

只不过,企业家们管理的是一个有形的企业,那些企业员工从某种程度上讲与企业有着一种工作上的合约。而吉拉德所管理的却是顾客。

所以,在德鲁克眼里,吉拉德是一位"隐形的经理人"。

吉拉德高中还没毕业就参加了工作,所以他掌握的管理理论并不多,以致他与创业者有着明显的区别。

吉拉德35岁的时候,由于想扩大自己的生意,结果反被人骗了,他的建筑队宣告破产。

走投无路之下,经一位朋友介绍,他进入底特律的汽车市场,做了一名推销员。

当时他已经身无分文,而且必须卖出一辆汽车才能向老板预支一周的工资。

在这种情况下,吉拉德根本没有时间考虑任何事。上班的第一天,他就急急忙忙在门店前招呼起路人来,但一上午的时间过去了,没有一个人在他的招呼下进店看车。

这是因为吉拉德有着严重的口吃。

整整一上午没有招呼到一个顾客,吉拉德有些失望。

此时他遇到了一个和他同样做推销员的人,不同的是对方在推销可口可乐,而他推销的却是汽车。

他和这位可口可乐推销员聊了起来,当他得知对方已经做了3年推销员,正打算下半年自己做批发生意时,便不失时机地推销起了自己的车(他认为,对方既然打算自己当老板,做批发,就必须拥有一辆汽车),并且劝对方,做生意要趁早。

可口可乐推销员听了他的劝说后,也认为事实确实如此,便向吉拉德询问起汽车的型号。

虽然可口可乐推销员表示车是一定要买的,但钱却暂时无法全部到账。

在这种情况下,吉拉德就向他讲起了多种付款方式,并且给他提出了建议,最好是选一年期分期付款。

这笔生意很快就在吉拉德的努力下做成了,而他也因此从老板那里预支了一周的工资。

如果当时吉拉德只是被动地坐在店里等顾客,恐怕很难卖出去哪怕一辆车。

与企业家不同的是,吉拉德所掌握的理论知识很少,特别是推销方面的知识,但他凭借着一颗坦诚的心,总是设身处地地从对方的角度出发，最终取得了成绩。

后来，吉拉德又通过在球赛观众席上撒名片、为客户建立档案、让顾客为自己寻找顾客等方式，使自己在15年的推销生涯中一共售出了13001辆汽车。

尽管吉拉德所从事的是销售工作，但他对老顾客资源的有效沟通与管理，实际上正是遵循了德鲁克目标管理的法则，这让他为自己组建了一个无形的团队。

在这个团队的合力作用下，仅仅在1976年一年的时间里，乔·吉拉德就收获了75000美元的佣金。

很多管理者整天待在办公室里，不到外界考察和获取信息，不知道改进管理方法，不懂得把理论上的收获用于实践，又怎么能把企业经营管理得当呢？

麦当劳快餐店的创始人克罗克被评为美国社会最有影响力的十大企业家之一。

他有一个习惯，就是不喜欢整天坐在办公室里，而把大部分工作时间都用在"走动管理"上。也就是说，他喜欢到所有分公司、部门四处走动，看看员工的工作状况，听听他们和顾客的意见。

某段时间，麦当劳公司一度亏损，面临严重危机。

克罗克发现，公司一个很重要的问题是，各职能部门的经理有严重的官僚主义作风。他们习惯于靠在舒适的椅背上对员工指手画脚，把许多宝贵的工作时间耗费在抽烟和闲聊上。

为此，克罗克想出一个"奇招"，那就是将所有经理的椅子靠背锯掉。

开始时，大家认为克罗克疯了，但不久之后，大家都体会到了他的一番"苦心"。

经理们因为再也"坐不住"了，纷纷走出办公室，也开展起了"走动管理"。

这就使他们能够及时了解情况，现场解决问题。这一改变终于使公司扭亏为盈。

躺在那里耗费时光是不能改善绩效的。能力再强，却只把时间和精力用在"休息"上，谁还能知道你有才华呢？

德鲁克指出，管理理论和实际操作完全相符的情况几乎是不存在的。

管理者认为，只要学习先进的管理经验，就可以一劳永逸地解决所有问题，这是不对的。

这样的管理者，要么对理论的普遍性和实际的特殊性不了解，要么就是毫无追求的人。

根据德鲁克的理论，一个管理者，本身就要具备实实在在的业务能力、技术优势和专业知识，并不断地吸收知识，使自己拥有更多能力。

你能做到，下属也就有了目标和方向。

根据德鲁克的分析，让许多人知道不能成功的原因不是计划得不周全，也不是准备得不足，而是根本没有把能力用在正确的地方。

即使计划再完美，准备再充分，如果没有迈出行动的坚实步伐，那前期谋划的一切都没有实际意义。

德鲁克还认为："理论用于实践"，指的是管理者除"听、说"之外，还要做一个实干家。

决策不可能直接导向成功，战略计划和执行需要你从现在所处的位置向想要去的目标位置前进。

当今世界，组织的发展前景不像我们以前认为的那样清晰。一个成功的管理者，最重要的是能支配和培养人力资源，以及自身才华与能力的实践。

德鲁克建议我们，卓有成效的管理者需要完成的任务很多，不过排在第一位的就是拥有完美的执行力，也就是将无形的概念、策略、方法、能力等运用到实践中。

德鲁克同时指出：所谓的"执行力"不是单一的素质，而是多种素质和能力的结合。

尽管市场大环境不一定景气，但企业应该一直保持在平稳发展的阶段上，要想令生产销售规模不断扩大，就要提升管理水平。

而提升管理水平，除了要有好的决策班子、高瞻远瞩的发展战略和系统的管理体系，最为重要的就是要有执行力。

谦虚使人进步，每个人都有值得学习的地方

谦虚使人进步，身为领导，尤其要谦虚，借鉴他人的长处，进而将自己的才能发挥到最大限度，这样才会获得更高的权威。

反之，如果领导目空一切，就会失去下属的支持和尊重。

孔子说："三人行，必有我师焉。择其善者而从之，其不善者而改之。"意思是，别人身上一定有我们需要学习的地方，学习别人的长处，若有缺点就改正，无则加勉。

敏而好学，不耻下问，虚怀若谷，是每一个领导者成功的重要前提。

实际上，领导虚心向下级学习，更能显示出领导的大度和良好的个人品行。

德鲁克作为纽约大学的管理学教授，在教授学生之余，从来没有放过向任何人学习的机会，且与大多数人相比，更有目标性。

德鲁克主要是通过书本获取知识，无论是谁的著作，只要和他想关心的领域相关，他都会拿过来认真研读。

对美国通用电气、IBM等大公司的研究，也让他从企业发展的历程中获得了对理论知识的实践验证机会。

很多人都将之称为"德鲁克式学习法"，但对德鲁克本人来说，

自己的学习方法并没什么奇特之处。

当有人问及学习有什么诀窍时,他总是笑着说:"三人行,必有我师。"

这是孔子在几千年以前说的一句话,却被远在西方的德鲁克牢牢记住了。

早在20世纪80年代初期,德鲁克便来到了中国,对当时中国的企业管理者们提出了很多中肯的建议。其中,他特别提及了管理人才的问题。他认为中国拥有着最好的机遇,应当快速培养出一些卓有成效的管理者,他还特意强调:"卓有成效的管理是可以学到的,也是必须学到的。"

在德鲁克看来,一个人拥有多少才能并不是主要的,关键是看他能否始终保持一种积极的学习态度。

学习能够让人不断地积累知识、不断开阔视野。就像德鲁克本人一样,他从来没有进过一家企业做管理者,只是通过对书本和美国一些企业的研究,就写出了30余部管理学著作,并且这些著作还得到了比尔·盖茨、韦尔奇、安迪·格鲁夫等人的高度称赞,很多企业的CEO也将德鲁克的文章奉若经典,经常捧读。

那些有着丰富的成功实践经验的企业管理者,之所以如此追捧德鲁克这样一位没有企业管理实际经验的学者,正是因为德鲁克通过永不止步的学习而获得的知识和独到的眼光。

通用电气公司前CEO杰克·韦尔奇,可以说将德鲁克的这一理论发挥到了极致,并且让通用电气走向了更辉煌的阶段。

在执掌通用电气公司之后,韦尔奇通过大举裁员,对通用的体制进行了由上到下的重新洗牌。

而就在媒体和通用公司的员工纷纷质疑的时候，韦尔奇又提出了一个出乎所有人意料的决策，即号召整个公司的员工都要"以全球所有的公司为师"。

出于对德鲁克管理学的深刻领悟，韦尔奇没有单纯地组建新团队，而是从企业发展的角度出发，将目光放在了市场的高度。

因为他明白，只要动员整个企业的员工和管理层开展一场向优秀公司学习的热潮，就能彻底摆脱通用公司当前的困境。

在韦尔奇的"向任何公司学习其优秀的管理经验"的口号下，通用公司重新焕发了神采和活力——不仅净利润大幅提高，以107亿美元的年赢利成为全球第一，韦尔奇本人也被誉为"世界第一CEO"。

与此同时，向优秀的企业学管理的做法，也让很多在通用公司管理层工作过的基层领导者收获了宝贵的经验。

后来，他们中许多人成了各大公司的CEO，而通用公司也被誉为"全球经理人的摇篮"。

由此可见，德鲁克留给了后人无法估量的宝贵经验，如今，乐于向任何人学习已经成为众多企业管理者的一项共识。

有很多例子都可以证明，领导者应该抱有一颗向下属学习的心，但有些领导者还是很担心，如此一来，自己的权威是不是会有所动摇？

更重要的是，向下属学习就等于承认自己的能力不如下属，这让身居高位的领导者很难接受。

那么，领导者该如何面对不如下属的尴尬？

天士力制药股份有限公司总经理李文是这样说的："每个人都

会有一个心理底线：如果只有一个位置，而我们两个人非此即彼，很可能谁也容不下谁，但事实并不是这样。家庭式作坊的运营模式早已被企业淘汰，现在的企业拿出了一套科学化的管理模式。如果有人有某方面的特长，我会安排他做符合他特长的工作。如果他综合能力比我强，我一定会推荐他到其他分公司做经理；或者他坐我这个位置更合适，我可以去其他分公司。下属在某一领域强过领导，这是很正常的事情。我们是制药企业，我不是学医出身，可以说是个彻头彻尾的外行，所以，从这点看，我觉得我手下的人都强过我。但我们现在发愁的还是人才不够多，像我们这样正处于上升期的企业，求贤若渴。虽然我身为领导，但不见得我什么方面都强过我的下属。即使是能力超强的领导，也要依靠他人的辅助才能获得更大的成功，所谓尺有所短，寸有所长。"

　　领导者承认下属某一方面比自己强，并不是件难堪的事情，还会体现出领导者任人唯才的英明。

　　一位很有成就的管理者说，他的智慧平平，在公司至多算一般，但有一点却是别人无法企及的，那就是他总能使比自己聪明的人愿意在自己手下工作。

　　身居领导岗位的你可以不懂新技术，但一定要掌握最科学的管理方法，所谓"闻道有先后，术业有专攻"。

　　在日常管理中，领导者要善于发现每一位下属的长处和优势，放下架子，谦虚地向他们学习，这样才会不断进步。

　　领导者的管理方式成功与否，不在于领导者本人是否具有非凡的能力，而在于他能否不断地借鉴别人的长处，并逐步完善自己。

　　所谓"成功是经验的积累"便是这个道理。

发现自己的价值,用你的优势去工作

德鲁克指出:无论做什么都应该从自己出发。一个不知道如何发展自我的管理者,一定不够好。

管理者在管理他人的同时,也别忘了发现自己的优点。只有这样,才会为企业创造更大的利润。

德鲁克说:"有效管理者的自我发展,是组织发展的关键。"

在现代社会,企业管理者只有进行充满激励和目标的职业生涯规划,才能不断地发展自我,超越自我。

而一旦企业中的管理者都具备了明确的发展方向,就能缔造一支不断成长的团队。

在德鲁克的管理理念中,员工应该成为自己目标的首席执行者,学会并实践自我管理、自我发展、自我规划,把自己放在能对组织和社会做最大贡献的位置上。在漫长的职业生涯中始终保持着警觉和付出,认清自己的优势,不断修正并坚定自己的发展道路。

希腊著名雕刻家菲狄亚斯接到了一个活儿——为雅典的某座神殿制作雕像。

这些雕像至今仍在神殿的屋脊上,被誉为"西方历史上最伟大的建筑"。

说到这个工程，菲狄亚斯向雅典政府申请款项时，财务大臣却不愿意付款，理由是："这些雕像站在神殿屋顶上，也就是位于雅典山丘的最高点，除了雕像的正面，我们几乎什么也看不到。可你却想要整个立体雕像的费用，就连没人看到的部分也要付账。"

菲狄亚斯反驳说："你错了，神看得见。"

德鲁克为此深受震撼。他深深地体会到：就算只有神才会注意到，我也必须追求完美。

任何事情没有绝对，优势和劣势也是一样。不过，始终把自己放在劣势的地位上，就是给自己施压，为自己增添进取的动力。

德鲁克说："卓有成效的管理者不仅要问'自己应该贡献什么'，也要问'在公司里谁应该知道我想要贡献什么，以及我正在做什么'，最后还要问'我该用什么方式表达，才能让别人理解和运用，使别人也成为卓有成效的管理者'。"

经验证明，用最适合自己的方式，做自己最擅长的事，这是最容易成功的方法。

在德鲁克看来，人们要想成功，首先需要对自己有一个深刻的认识。不能了解自己的人，就谈不上自我发展。

德鲁克列出了几个问题，有助于我们认清自己：我的长处是什么？我是如何工作的？我的价值观是什么？我属于何处？我该做出什么贡献？

德鲁克认为，要发现自己的长处，并不是一朝一夕能做到的。有一个有效的途径，那就是回馈分析法。

每当你做出重要决定或采取重要行动的时候，都可以事先记录下自己对这个任务的结果的预期,也就是你的预定目标。一定周期之后,你可以将实际取得的结果与自己预期的目标进行比较。

另外,德鲁克还说:"一个人不仅应该专注于自己的长处,而且需要进一步加强这方面的能力,尽量少把精力浪费在不能胜任的领域,因为从一流到卓越,比从无能到平庸需要付出多得多的努力。"

每个人的长处都具有独一无二、基本稳定的特点,工作方式也是如此。这通常与人在成熟后稳定的性格和行事风格有关,虽然可能经得起略微调整,但不可能完全改变,因为这是植根于人的习惯中的,不可能轻易动摇。

因此,德鲁克给我们的忠告是:"不要试图改变自我,因为这样你不大可能成功,但你应该努力改进自己的工作方式。"

你认为什么才是有价值的呢?

价值观是自我管理中必须确定的问题。

个人的价值观应该与组织的价值观一致,即便不能完全契合,也应该是求同存异的,否则工作起来就会觉得难以从心出发,压力会增大,会感到非常疲惫,自然也就拿不出成绩来。

德鲁克认为,人们在了解自己的长处、习惯的工作方式和价值观后,就能认识到自己应该从事什么工作,并确定自己应该为团队、组织和整个社会做出什么贡献。

此外,我们还要认识到,同事、合作者、下属等我们身边的共事者通常与我们有不同的长处、工作方式、处事习惯和价值观,想做好自己的工作,就要事先与他们进行有效的沟通。

优势能够发展,劣势能够改变。具备职业化思维方式的管理者,必须懂得利用这一点来挖掘自身的潜力。

德鲁克指出：全才并不存在，企业在追求人才的时候也不需要苛求人才的全面发展，"物尽其用，人尽其才"才是管理者的任务。没有员工是全能的，成功的人只是比他人更懂得强化自己的优点并管理好自己的缺点，简而言之，就是扬长避短。

每个人不同的优势最大化会为企业带来最佳效益，也为个人的成功奠定了基础。

德鲁克建议：我们在确立自己的工作目标时，应当结合自身实际情况，而一旦选择错误，就要多走不少弯路。

大多数员工没有发挥出自己专长最直接的原因，正是很多管理者错误地认为：只要通过学习，每个人都可以胜任任何职务，每个人的弱点是他最有潜力的地方。

最后，德鲁克总结出：其实每个管理者都是特别的，个人优势才是他们成长空间里能有最大限度发挥的地方。

管理者之所以能够成功，不是因为他改正了自己的缺点，而是因为他无限放大了自身的优点。

只有懂得发现自身优点的管理者才能不断改进自己、提升自己。

作为管理者,你到底要成为谁

"有效"和"成功"是两个不同的概念。

很多人想成为成功人士,有些人渴望能卓有成效地工作,也有很多管理者希望自己成为第二个德鲁克。

而现实是,那些真正有成效者不一定成功,成功者也并非都卓有成效。在工作上最有成绩的管理者,往往是在组织中提升得最快的人,但现实似乎并非如此。

德鲁克曾经这样评价"管理":

"管理被人们称为一门综合的艺术——'综合'是因为管理涉及基本原理、自我认知、智慧和领导力;'艺术'是因为管理是实践和应用。"

你需要先明确的是,作为管理者的你到底要成为谁?

身为管理者,我们虽然学习了德鲁克的知识和理论,但还是需要清醒地认识到一点——德鲁克只有一个。

96岁高龄时的德鲁克日常研究的两大课题竟然仍是"自我管理"与"非营利组织的未来管理"。

进行"自我管理"就要从知道自己的长处和价值开始。

德鲁克曾经这样询问自己的学生,如今我们也来询问自己:

"我希望让后人记得什么？"

相信你的答案会随着你的年龄而发生改变，也会随着时代的变化而发生改变。

但始终不能改变的，应该是让别人的生命因你而有所不同，让自己的存在成为有意义的事情。

我们不可能成为德鲁克，因为每个人的成功都无法复制，每个人都有着独一无二的价值。但我们可以透过德鲁克给予我们的启示与教诲，变成不一样的自己。

很多时候，今天的决定能影响明天的命运，而左右着我们做出不同决定的关键因素就是价值观。

一个人要想成为成功人士，就必须清楚地了解自己的价值观，同时确实按照这个价值观生活和工作。

因此，对价值观的认知非常重要。

试想一下：如果我们不知道什么是自己人生中最重要的，什么样的价值观是我们应该一直坚持的，什么事情不能越雷池一步，又怎能知道该为自己设立什么样的目标？该在什么时候做出什么有效的决定呢？

人们都希望获得成功，很多人穷极一生都在探索成功的奥秘，但其实，成功比你想象的要简单得多。

那些成功人士和其他人之间有着一条明显的界线，那就是成功的关键，即自我管理。

"德鲁克"既可以指管理学大师，也可以指成功的经验。

我们不可能复制他人的成功经验，从而成为另一个人，但可以向着理想的目标，不断地追求卓越。

最后，让我们来看一个关于经验教训的小故事。

有一个捕鱼能手,在村子中十分受人尊敬,但他却有一个很大的烦恼——

他有3个儿子,3个儿子的捕鱼技能都相当平庸。

有一天,他向一个朋友诉说:

"为何我的捕鱼技术这么好,我的儿子却个个都那么差?

"他们刚学会走路,我就倾尽所有地传授他们捕鱼的技能,可以说是手把手地教。

"我告诉他们怎么撒网、怎样抓鱼、怎样划船才会不惊动鱼、怎样下网才能让鱼自投罗网。

"我教他们如何识潮汐、辨鱼汛。

"我把我这辈子所有辛辛苦苦总结出来的经验,没有一丝保留地教给了他们,但你看看他们的捕鱼技术,还不如村里那些普通渔民家的儿子。

"这到底是为什么?"

他的朋友问道:"你一直都是手把手教他们的吗?"

"是啊,而且我教得很有耐心,生怕他们不懂。"渔夫说。

朋友问:"那他们一直都是跟在你的身边捕鱼的吗?"

"是啊,我怕他们有失误,一直把他们带在身边。"渔夫说。

这位朋友说:"你这样做,他们是无法成为真正的捕鱼能手的。你只是教授给了他们技术,却没有传授给他们教训。对于任何一项技能来说,没有经验和教训,如何能够成大器呢?"

德鲁克总结说,成功企业的管理也有类似之处。很多理论往往是企业长期管理实践经验的结晶。在规章制度的背后,一定有许多更深层次的内容,而这些深层次的东西是非概念化的,既难以把握,也不容易复制。

学会运用一种管理理论,或学习先进的管理经验,在成就自己的道路上,要不断问自己:我是谁?

管理者自身要有觉悟,知道自己想成为什么样的人,最终你才有可能成为那样的人。